地势坤，君子以厚德载物。

[美]海伦娜·亨特 —————— 编著　　　黄邦福 —————— 译

FIRST MOVER
本质

贝佐斯的商业逻辑
与领导力法则

北京联合出版公司
Beijing United Publishing Co.,Ltd.

图书在版编目（CIP）数据

本质：贝佐斯的商业逻辑与领导力法则 /（美）海伦娜·亨特编著；黄邦福译. — 北京：北京联合出版公司，2021.3（2021.9重印）

ISBN 978-7-5596-4922-5

Ⅰ.①本… Ⅱ.①海… ②黄… Ⅲ.①企业管理—通俗读物 Ⅳ.①F272-49

中国版本图书馆CIP数据核字（2021）第017221号

北京市版权局著作权合同登记　图字：01-2021-0320号

FIRST MOVER:Jeff Bezos in His Own Words
Edited by Helena
Copyright © 2018 by Agate Publishing,inc.
Published by arrangement with Agate B2,an imprint of Agate Publishing,inc. c/o
Nordlyset Literary Agency through Bardon-Chinese Media Agency
Simplified Chinese translation copyright © 2021 by Beijing Xiron Culture Group Co., Ltd.
ALL RIGHTS RESERVED

本质：贝佐斯的商业逻辑与领导力法则

作　　者：[美]海伦娜·亨特
译　　者：黄邦福
出 品 人：赵红仕
责任编辑：李艳芬
装帧设计：沐希设计

北京联合出版公司出版
（北京市西城区德外大街 83 号楼 9 层　100088）
三河市冀华印务有限公司印刷　新华书店经销
字数 110 千字　　880 毫米 × 1230 毫米　1/32　　7.75 印张
2021 年 3 月第 1 版　　2021 年 9 月第 2 次印刷
ISBN 978-7-5596-4922-5
定价：48.00 元

目 录

序 言

　　截至本书写作之时，网上零售商亚马逊公司的全年营业收入已高达 1360 亿美元。如果你对亚马逊公司的营业收入毫无贡献，那你很有可能会说它的坏话，质疑它的道德模糊性：在电子商务和零售市场日益增强的垄断优势，经常与图书出版商处于对立关系，以及屡屡见诸报端的冷血职场文化。对于这些缺点，亚马逊的 6500 万名金牌会员（Prime）似乎并不是太在意。他们坚持选择亚马逊，是因为其便宜的价格、敬业的客户服务，以及愿意拓展新的服务和产品供应。有时候，某些服务和产品会领先于客户的需求，就连客户都还不知道自己需要它们。如今，"亚马逊"（Amazon）一词不只是南美洲一条河流的名字（汉语里现在多写为"亚马孙河"），它已成为互联网催生的某种服务的代名词——成为其创建者和CEO（首席执行官）杰夫·贝佐斯富有远见的代名词。杰夫·贝佐斯成功地预见到了互联网推动生活的各种可能性。

如果有人称赞贝佐斯的成功，他肯定会第一个站出来说，这家价值4300亿美元的公司及其迅速增加的附属公司的成功不是他一个人的功劳。但如果没有开创这一切的这个人的非凡远见、孜孜不倦的进取精神、充满好奇的乐观精神，以及异于常人的先见之明，那很难想象亚马逊公司及其《华盛顿邮报》（The Washington Post）、蓝色起源太空飞行公司（Blue Origin，下面简称"蓝色起源"）等附属公司会获得这样的成功。

这种先见之明，正是贝佐斯获得成功的关键。1994年，在位于纽约曼哈顿的量化对冲基金公司——德绍公司（D.E.Shaw）任职期间，贝佐斯看到了一个让他惊讶的数据：刚刚诞生的互联网正以每年 2300% 的惊人速度飞速成长。贝佐斯知道，他必须赶上这波互联网快速成长的浪潮，加入其中（并且希望能赚到钱）。于是，他迅速采取行动——辞掉工作，借来父母的那辆雪佛兰开拓者（汽车），从得克萨斯州一路开到西雅图。他打算在这个新家的车库里，通过互联网销售图书。他选择西雅图，是因为它是一座大城市，有大型机场，而且离俄勒冈州的图书仓库很近。他选择销售图书，是因为图书便于分拣、打包和运输，而且种类丰富多样，任何一家实体零售商都无法垄断。每一步，贝佐斯都展现出敏锐、冷静的分析能力，以及优化与迅速行动的才华。事实证明，这些才华起到了重要的作用。

二十多年后的今天，你几乎可以从亚马逊购买到任何东西。你不仅可以通过亚马逊网站购买帐篷、轮胎、芭比娃娃、新鲜食品和餐馆的食物，还可以通过其首创的多种电子设备购物——最著名的当数第一款电子书阅读器

Kindle 和语音交互、多功能的智能音箱 Echo。该公司的股票价格已开始飙升，贝佐斯的个人财富也高达数百亿美元。

然而，亚马逊的成功并不总是一帆风顺的。20 世纪 90 年代末、21 世纪初，互联网泡沫破灭，华尔街的分析师们将贝佐斯的亚马逊公司（Amazon.com）戏称为"亚马逊炸弹"（Amazon.bomb）、"亚马逊骗局"（Amazon.con）和"亚马逊完蛋"（Amazon.toast）。贝佐斯的商业计划是薄利多销，通过拼命削减成本来吸引客户，同时增强配送能力、增加产品选择。这个商业策略无法总是创造利润或吸引投资者。公司的股票一度下跌，但贝佐斯一直坚守亚马逊的使命：做地球上最以客户为中心的公司。他有着长远的眼光，不顾他人的警告和分析师的预测，依然竭尽所能地为客户服务——包括维持公司的正常运营。

贝佐斯认为，真正推动公司创新的，是其"领先客户"（customer-forward）的商业模式——先于客户预测到客户的需求。正是这种商业哲学，才造就了亚马逊公司，也催生了

"亚马逊云服务"〔AWS，为开发人员和产品服务的数据基础设施，就像网飞公司（Netflix）、"声田"（Spotify）流媒体音乐平台〕，还为美国中央情报局等机构提供云计算租用服务，以及推出 Kindle（贝佐斯宣称提升了图书科技的一款电子书阅读器），甚至是"蓝色起源"（同样具有超前服务客户的商业思维）。贝佐斯认为，"在未来的某一天，人们需要进入太空，所以我们最好现在就开始为他们打造这样的服务"。

这种"以客户为中心"的商业模式，在为亚马逊赢得大量客户群体的同时，也为公司的员工建立了不以员工的意愿或需求为中心的惩罚机制。2015 年，《纽约时报》（*The New York Times*）刊登了一篇臭名昭著的报道《亚马逊内幕：公司理念与残酷职场的角力》。该文对亚马逊公司文化的描述是：员工趴在办公桌上痛哭，员工怀孕或生病后会被公司强迫辞退，员工在残酷的内部竞争中挣扎求生。布拉德·斯通（Brad Stone）的纪实作品《一网打尽：贝佐斯与亚马逊时代》（*The Everything Store: Jeff Bezos and the*

Age of Amazon）讲述了亚马逊公司的崛起过程。在这部作品中，他引用了贝佐斯对员工的质问："你是懒惰，还是无能？""我要下来掏出证件，说我是公司的 CEO，才能让你停止挑战我吗？"……

在公众场合，贝佐斯不会这样做，但他确实解释过：公司的成长要靠持续创新，那些无法跟上的人只能被淘汰——不管他是不是亚马逊公司的内部员工。在很多方面，贝佐斯依然保持着知识分子的形象。1999 年，《60 分钟时事杂志》（*60 Minutes*，以下简称《60 分钟》）节目送给他一个绰号——"亚马逊的书呆子"。他创建"蓝色起源"，一部分原因是他酷爱"星际迷航"（Star Trek。上学时，他用学校的电脑玩"星际迷航"游戏，这也是他第一次对电脑产生兴趣）。他进军太空的决心，至少可以追溯到他在高中毕业典礼上作为学生代表的致辞。在致辞中，他谈到要为太空移民建造宾馆和游乐园。

使贝佐斯走上伟大的成功之路的动力，是他一直在追求自己的激情。他现在获得的伟大成就，曾经也显得那么不可能。因此，我们现在很难不相信他描绘的未来：数百万人在太空中生活、工作。如果杰夫·贝佐斯成功了——他经常获得成功，那他肯定是第一批移民太空的人。

第一章

——

电子商务与亚马逊

最早的招聘广告

资金雄厚的初创公司，诚邀才华横溢的 C/C++/Unix 开发工程师加盟，共同开拓互联网商业市场。必须拥有设计、架构大型复杂（且具维护性）系统的经验，而且能够在顶尖者认为可能的 1/3 时间内完成系统设计和架构工作。

——友思网（Usenet）的招聘广告，

1994 年 8 月 22 日

亚马逊公司的命名

地球上流量最大的河流。地球上最多的选择。与只有一个乳房的亚马逊女战士[①]毫无关系。

——纽约"92 街希伯来男女协会"文化中心

（92nd Street Y），2001 年 4 月 11 日

---

① 希腊神话中的亚马逊人（the Amazons），为女性战士部落，为了便于射箭，皆割去右乳。——译者注

互联网的迅猛成长

某个东西每年以 2300% 的速度增长，此时，我们就必须快速行动。紧迫感成为你最宝贵的资产。

——A.B.Dick 公司关于企业家精神的演讲，

1998 年 3 月 21 日

白手起家的精神

我得承认，我们当时选择车库作为办公场所，部分原因是我们需要白手起家的精神。

——美国出版商协会（AAP），1999 年 3 月 18 日

第一家配送中心

就在我们开业的前一天，我们望着那个地方，一位开发商说："我不知道是该感到乐观，还是感到绝望、惋惜。"这就是我们当时的真实感受，我们当时根本不知道结果会如何。

——美国出版商协会，1999 年 3 月 18 日

亚马逊的匍匐前行

我们当时并没有完美的计划，我们那个 400 平方英尺 ① 的小仓库甚至连打包台都没有，我们完全是趴在水泥地上完成打包工作的。

——A.B.Dick 公司关于企业家精神的演讲，

1998 年 3 月 21 日

———————————

①1 平方英尺 ≈ 0.093 平方米。

互联网的礼物

互联网带走了很多东西，同时也带来了礼物，你必须拼命扑向礼物。

——"报业的未来"大会（The Future of Newspapers），

2017 年 6 月 21 日

客户需要什么？

有三样东西，对客户来说是很重要的：选择性、便捷性和价格。因此，我们每天都在努力确保亚马逊网站在这三个方面做到最好，胜过其他任何竞争对手。

——A.B.Dick 公司关于企业家精神的演讲，

1998 年 3 月 21 日

互联网的价值主张

在网上能做到在其他地方都无法做到的事情，这是很重要的。创建任何公司的基石，都是为客户创造价值主张。

——A.B.Dick 公司关于企业家精神的演讲，

1998 年 3 月 21 日

打造持续发展的公司

购物最让人沮丧的事情，是无法找到需要的东西。两年前，我们意识到，如果我们能解决这个问题，为客户提供真正"无所不有"的产品选择，那我们就能打造一家重要的、持续发展的公司。

——《纽约时报》，1999 年 11 月 28 日

个性化服务

发现不同于找到。所谓"找到",是你知道自己想要什么,你输入关键词,然后我们就为你找到你想要的东西。"发现"更注重的是个性化服务,是"书单狂"——是我们所做的一切。

——《卫报》(*The Guardian*),2002 年 10 月 14 日

所谓"个性化服务",就好比退回到以前那个时代,小镇上的商人都对你很熟悉,他们可以帮助你买对产品。买对产品,可以提升生活品质;买错产品,只会给生活添堵。在规模化销售时代到来之前,大部分产品往往都是个性化的产品。

——《华盛顿邮报》,1998 年 11 月 8 日

帮助产品找到客户

当你拥有很多产品的时候，就必须拼命建造工具，帮助客户找到产品。但是，你还必须努力做另一件不太直观的小事情（从技术上讲更有挑战性），那就是帮助产品找到客户。

——麻省理工学院 ACM/IEEE 俱乐部演讲，

2002 年 11 月 25 日

消费主义最糟糕的一点

消费主义最糟糕的一点，是让人们购买对其生活没有实际提升价值的产品。让我感到最愤怒的，是我经过银行的时候，看见那里的广告是在劝说人们将住房进行二次抵押，然后拿钱去度假。这是在走向罪恶。

——《连线》杂志（Wired），1999 年 3 月 1 日

互联网上的口碑

在刚开业的 30 天里，我们就收到了大量订单，来自美国的 50 个州，乃至全球的 45 个国家。我们没有花一分钱的广告费，全靠口碑。

——麻省理工学院 ACM/IEEE 俱乐部演讲，

2002 年 11 月 25 日

如果你让客户在互联网上不高兴，他不会告诉他的 5 个朋友，而是告诉他的 5000 个朋友……同样，如果你满足了客户的需求或超出客户的预期，让他高兴，那他也会告诉 5000 个人，并成为你的"布道者"，他会把互联网当作扩音器……力量的天平已经从商家转向了客户。

——A.B.Dick 公司关于企业家精神的演讲，

1998 年 3 月 21 日

市场领导力

我们的市场领导力越强大，我们的商业模式就越有力量。市场领导力可以直接转化为更高的营业收入、更强的盈利能力、更快的资本周转速度，以及更高的资本投资回报率。

——《致股东的信》，1998 年 3 月 30 日

先发优势

亚马逊网站本身就证明：互联网上的先发优势具有极其强大的力量。

——A.B.Dick 公司关于企业家精神的演讲，

1998 年 3 月 21 日

我们没有任何持久的、可持续的、我们歇一口气其他人就无法赶上的优势。

——《查理·罗斯访谈录》(*The Charlie Rose show*),

1999 年 4 月 2 日

我们最大的优势,现在是,将来依然是:我们更懂商业,因为我们从事商业的时间更久。只要正确执行,我们与竞争对手之间的差距就不是缩小,而是扩大。

——彭博(Bloomberg),2002 年 7 月 14 日

无限的产品选择

我们还是一家非常小的公司的时候,随机选择了大约 1000 名客户,给他们发去电子邮件:"除了我们现在销售的产品,你还希望我们销售什么?"我们收到了一长串回复。有人说:"我想买汽车雨刮片。"还有其他很多回答。

我们感到非常诧异，正是在那个时刻（大概在 1998 年），我们开始意识到，也许我们可以利用这种新创的方法销售各种各样的产品。

——《外交事务》杂志（*Foreign Affairs*），

2015 年 1 月和 2 月刊

我们拥有无限的产品选择。只要是现在有的产品，我们几乎都会销售，我们不会受任何具体的限制。

——《花花公子》（*Playboy*），2000 年 2 月

不售枪支

我们不会销售枪支，可以销售的产品很多，就让别人去卖枪吧。

——《花花公子》，2000 年 2 月

不卖耙子

没有任何产品是不可以线上销售的，但有些产品，线上销售会不划算。过去，在某个时段，我们销售了耙子。这是一个非常糟糕的决定，因为在数百万种产品中，有少量产品通过线上销售是赚不到钱的。它们太笨重，也太便宜。产品体积大，只要价格昂贵，线上销售也是没有问题的，但是，如果是体积大，价格又便宜的产品，那就行不通了。因此，耙子是最糟糕的线上销售产品。

——新兴科技大会（Emerging Technology Conference），

2006 年 9 月 27 日

创建有竞争力的品牌

与亚马逊相比，巴诺（Barnes & Noble）、博德斯（Borders）等书店的真正优势，不是它们庞大的规模、拥有超过 25 亿美

元的年销售额（虽然这些因素也很重要），它们的关键优势
是拥有成熟的品牌，而品牌在互联网上是非常重要的。因
此，我们的一大目标必须是：努力创建我们自己的品牌，抵
消它们的品牌优势。这一点，肯定是我们的工作重心。

——《连线》杂志，1997 年 6 月 1 日

网络商务和实体商务

我认为，电子商务和网络商务将同实体商务一样丰富
多彩。

——《达拉斯新闻晨报》（ *The Dallas Morning News* ），

1999 年 8 月

商业街是边缘的、体验感差的购物店的象征，谁也不
会真心喜欢去那里购物。用不了多长时间（比如，10 年之
内），15% 的商业交易可能就会搬到网上。这会对实体商

务造成巨大的冲击吗？肯定的。会造成什么影响呢？会迫
使实体商店做得更好。

——《花花公子》，2000 年 2 月

经常有人问我："你为什么不利用品牌影响力做实体店
呢？"问题是，我们不知道如何把实体店做得更好，这个
领域已经相当饱和了。现在，实体店的经营者们做得非常
出色。如果我们做实体店，不会带来任何提升。因此，做
实体店只会伤害我们的品牌声誉。

——《彭博商业周刊》（ *Bloomberg Businessweek* ），

2004 年 8 月 1 日

互联网公司都会活下来吗？

互联网会创造很多赢家，你知道的，这就好比是 5 亿
多年前的那场"寒武纪生命大爆发"，单细胞生物爆炸式地

变成多细胞生物，以前所未有的速度形成新的物种，而现在的互联网也正在发生这种变化。要知道，从社会的角度来看，进行这些实验是有必要的。如果你成为灭绝的物种之一，那感觉肯定不会舒服。

——纽约"92街希伯来男女协会"文化中心，

2001年4月11日

今天创建的公司，绝大多数会出于这样或那样的原因而倒闭，像亚马逊这样的行业龙头也存在这种可能性。

——《查理·罗斯访谈录》，1999年4月2日

所有公司都会受益于互联网

我们今天看见的，是互联网仍被视为某种垂直行业。比如："这些是'互联网公司'。"这样说还为时过早，因为所有公司都会受益于互联网。

——《查理·罗斯访谈录》，2007年11月19日

谁也不会因为我们的成功而必然失败

通常，实业都会成功。因此，我可以告诉你，我认为电子商务正在取得成功。我们对电子商务的看法是：谁也不会因为我们的成功而必然失败。

——《查理·罗斯访谈录》，2010 年 7 月 28 日

关注后端

互联网泡沫破灭时，很多网络公司纷纷倒闭，其中的一个原因是：它们没有对后端给予真正的、足够的关注。它们没有足够地关注有些人所认为的电子商务最不起眼的那部分：分拣、包装和运输。我们经过大量分析后发现，客户其实是希望收到他们的产品的！

——"爱迪生国家"公司（EDNT）系列视频，

2011 年 4 月

精益文化

我们会努力精打细算，保持我们的精益文化。我们清楚不断强化成本意识的重要性，尤其是企业还处于净亏损的时候。

——《致股东的信》，1998 年 3 月 30 日

网上零售经济学

实体零售业的成本是可变的，因此，销售额翻倍，成本也会翻倍。与此不同的是，网上零售业的成本几乎是固定的，因此，销售额翻倍，成本肯定不会翻倍。

——《查理·罗斯访谈录》，2000 年 6 月 28 日

我们都知道，任何实体零售店只要服务最好，成本肯定不会最低。而对于网上零售店来说，我认为这是不对的。

我认为，只要做到足够大的规模，网上零售店也可以做到服务最好，同时价格最低。

——《查理·罗斯访谈录》，2000 年 6 月 28 日

精打细算和降低缺陷率

我们确实赚到了钱。我们的零售业务做得相当不错，但这样的成绩（即使利润率非常低）是通过我们大量的精打细算和注重降低缺陷率而取得的。

——创业在线课程"创业学院"（Startup School）演讲，

2008 年 4 月 19 日

高利润率与低利润率

零售商有两种：一种是努力提高价格的零售商，另一

种是努力降低价格的零售商。虽然这两种模式都可以获得
成功，但我们决定坚守第二种模式。

——新闻稿，2002 年 1 月 22 日

我们宁愿要大的客户群、低的利润率，也不要小的客
户群、高的利润率。

——《连线》杂志，2011 年 11 月 13 日

利润率高，会掩盖很多问题。利润率高，效率就不可
能高，因为你不需要高效率，而需要的正是创新之母。

——亚马逊云服务全球峰会（AWS re：Invent），

2012 年 11 月 29 日

让客户做选择

谁都可以降低价格。我们不想谈价格，我们要谈的是，

定一个对任何对手都有竞争力的价格，同时提供更好的服务，让客户自己做出选择。

——《连线》杂志，1997 年 6 月 1 日

消除缺陷

你所做的事情中，代价最高的是犯错。我们强调逐步减少缺陷，并从根本上消除缺陷。这样做可以降低成本，因为一切都会运转自如。

——《连线》杂志，2011 年 11 月 13 日

缺陷存在的时间越长，解决缺陷的代价就会越高。

——亚马逊云服务全球峰会，

2012 年 11 月 29 日

只要我们能够变得更聪明，并提高工作效率，就可以

将那些成本效益以更低价格的形式返还给客户。

——创业在线课程"创业学院"演讲，2008 年 4 月 19 日

清理垃圾

每隔一段时间，我们都会做"大扫除"，我们称之为"清理垃圾"。所谓"垃圾"，是指那些无法带来任何利润的产品。我们会仔细检查所有产品的目录，将耙子之类的产品清理掉。

——新兴科技大会，2006 年 9 月 27 日

电子商务的环境影响

仔细计算一下，硬纸板（可生物降解）对环境的影响，要远远低于开着 2000 磅①的汽车去取 5 磅重的物品所产生

———————————

①1 磅 ≈ 0.454 千克。

的排放物对环境的影响。

——新兴科技大会，2006 年 9 月 27 日

金牌会员的吸引力

亚马逊的金牌会员可以享受无限制的两日内免费送达服务，且没有订单金额最低要求。亚马逊的金牌会员服务会让公司产生巨大的成本，但它会为客户创造优质的购物体验。因此，从长远来看，我们相信他们会购买更多的东西。

——新闻稿，2005 年 7 月 26 日

全球推广

我希望吸收亚马逊公司在全球任何地方行之有效的办法，然后在整个亚马逊进行推广实施。

——《印度教徒报》（The Hindu），2014 年 9 月 28 日

无人机技术的发展与监管

无人机技术的发展非常顺利，但无人机技术的监管比我预期的稍慢。我们早就知道，监管是它的短板。我认为，美国联邦航空管理局（FAA）正在紧锣密鼓地解决无人机技术的监管问题。

——《CBS 今晨秀》节目（*CBS This Morning*，CBS 是指哥伦比亚广播公司），2015 年 2 月 4 日

关于无人机快递，如果不谈监管障碍，就无异于问林肯夫人："撇开刺杀不谈，你觉得这个戏剧如何？"

——美国自由科学中心"天才盛典 4.0"，

2015 年 5 月 1 日

我去会见了主要的研发团队，观看了第 10 代或第 11 代无人机的飞行表演。真的非常棒！不只是无人机的机身、电动马达等，它最有意思的部分是自动驾驶、飞行导引与

控制，以及机器视觉系统。

——《商业内幕》（*Business Insider*）新媒体，

2014 年 12 月 13 日

亚马逊与食品杂货

怎么会不喜欢呢？你在网上购买食品、杂货，我们送货上门，但那会变得非常昂贵。

——《60 分钟》，2013 年 12 月 1 日

收购"全食"（**Whole Foods**）

40 年来，有机食品连锁超市"全食"一直在满足客户、取悦客户、"滋养"客户——他们的工作令人惊叹，我们想让这种服务继续下去。

——新闻稿，2017 年 6 月 16 日

"亚马逊工作室"（Amazon Studios）与影视创作

关于影视创作，你可以说："我想创作一个数百万人都想观看的东西。"如果这是你的出发点，就会让你陷入困境，创作出来的东西往往是同质化的、枯燥乏味的。如果你说，"我们邀请顶级的制作者，鼓励他们大胆创作"，那么你就会创造出非凡的电影，而非凡的电影是不会缺乏观众的。

——《好莱坞报道》（*The Hollywood Reporter*），

2015 年 7 月 15 日

我们一直将"亚马逊工作室"的管理团队控制在很小的规模，以便符合我们的理念：不干扰电影创作者的工作。

——《好莱坞报道》，2015 年 7 月 15 日

逆否决权

我这个人，很喜欢行使逆否决权。"亚马逊工作室"团队想做的事情，我从来不会否决。该团队不想做的事情，我有可能会赞成。你要多赞成，因为你要鼓励冒险。

——《好莱坞报道》，2015 年 7 月 15 日

众包化的娱乐业

我们正在改变许可机制，我们不是由工作室的几个高层管理人员决定给谁开绿灯……相反，我们的做法是有些人所谓的"众包"（crowdsourcing）。

——《60 分钟》，2013 年 12 月 1 日

两种金牌会员

　　一种客户群体是因为"金牌即时视频"（Prime Instant Video）而成了金牌会员，他们好像是说："我有了两日免费送达服务。"另一种客户群体更为庞大，他们是从免费送达服务开始的，好像是说："我能得到这个很酷的视频。"这两个群体是互为补充的。

——《纽约时报》，2014 年 6 月 19 日

"金球奖"推销鞋子

　　从商业的角度来看，我们这种赚钱方式是非同寻常的，因为我们获得了金球奖①，可以帮助我们销售更多的鞋子。而且，这种帮助是非常直接的。如果你看看金牌会员，就

---

① 2015 年，亚马逊投资制作的《透明人生》（*Transparent*）获得美国电影金球奖。——译者注

会发现他们在亚马逊购买的东西要超过非金牌会员。

——Code 大会（Code Conference），2016 年 6 月 1 日

亚马逊经得起审查

我对亚马逊公司的经营方法、经营行为和纳税非常放心。我们采取的政治立场，是关注我们的商业活动，而且我认为是非常适当的……我认为亚马逊这样的公司经得起审查、检查和批评。对于这一点，我根本就不担心。

——《华盛顿邮报》"变革者"系列报道，

2016 年 5 月 18 日

亚马逊反对唐纳德·特朗普的移民行政令

我们不支持这个行政令……我们是一个移民国家，240

多年来，正是移民多样化的背景、思想和视角，才使这个国家得以建立，并不断创新。

——内部电子邮件，2017 年 1 月 30 日

把人才留在美国

这个国家从政治角度采取的某些做法，在我看来，显然是错误的。我们将最有才华的学生招进我们的大学，然后等到他们毕业时，我们却说："不行，你们不能留在美国。"很多外国学生都想留在美国，他们是美国未来工作的创造者。

——《查理·罗斯访谈录》，2012 年 11 月 16 日

亚马逊的成长

我们成长得非常快。20 年前，我还在开着我的雪佛兰汽车去邮局送包裹，梦想着有一辆叉车。从绝对数字（而非百分比）来看，过去几年，我们的成长尤其显著。2010 年，我们有 3 万名员工，而现在，我们的员工人数超过 23 万。我们就像是父母，有一天转身一瞧，突然发现孩子们都已长大成人——眨眼间，事情就发生了。

——《致股东的信》，2016 年 4 月 6 日

第二章

———

企业家精神

企业家精神的定义

所谓"企业家精神"，其实更多的是一种心态，而不是为自己工作。企业家精神是足智多谋，是解决问题。如果你碰见那些看上去真正优秀的问题解决者，你退后一步就会发现，他们都是自立的人。

——《公司》杂志（*Inc.*），2004 年 4 月 1 日

一夜成功

我发现，所有的一夜成功，都需要花费 10 年左右的时间。

——互联网协会（Internet Association）慈善晚会，

2017 年 5 月 2 日

初　心

能够以初心（初学者的心态）看待事物，这对企业家而言是非常有帮助的。

——《外交事务》杂志，2015 年 1 月和 2 月刊

想法容易，结果很难

有想法很容易。把想法变为成功的产品，很难。从想法到结果要走很多步，而且需要锲而不舍。

——"爱迪生国家"公司系列视频，2011 年 4 月

最初的商业计划

写商业计划，前期招聘，组建公司……从某种意义上

讲，这些都是简单的、有些乏味的任务，但创业就是如此，得一步一步地做。

——美国成就学会（AAA）访谈，2001年5月4日

现实地看待你的公司

你不能刚坐下来写商业计划，就说你要创立一家价值数百亿美元的公司，这是不切实际的。优秀企业家的商业规划都是从更可行的、更切实际的规模做起的，然后根据具体的情况，边发展边调适。

——《外交事务》杂志，2015年1月和2月刊

企业家必须切合实际。如果你第一天写商业计划的时候就相信整件事情有70%的可能性要失败，那你就会在某种程度上减轻自我怀疑的压力。我的意思是，你好像在告诉自己：我对失败的可能性毫不怀疑，失败是可能的结果，

而且会成为现实。自以为不会失败，只会让你做出怪异的、不自然的事情。

——美国成就学会访谈，2001 年 5 月 4 日

保持乐观

我的妻子①说："如果杰夫感到难过，那就等三分钟后再去看他。"我认为，做任何事情（创业或其他事情），乐观都是必备的素质。这并不是说，你要盲目乐观或不切实际，我的意思是，你要不断专注地消除风险、调整策略，直到你对自己的策略感到真正乐观。

——《公司》杂志，2004 年 4 月 1 日

---

① 2019 年 7 月 5 日，贝佐斯与妻子麦肯齐离婚。

如何处理初期投资

初期的资金来源非常宝贵，处理这些初期投资，要尽量系统性地消除风险。

——美国成就学会访谈，2001 年 5 月 4 日

既要固执，也要灵活

做企业家的诀窍是：知道什么时候要固执己见，什么时候要保持灵活性。我的经验法则是：大事情上要固执，小细节上要保持灵活。

——《连线》杂志"设计颠覆创新"大会

（Disruptive by Design），2009 年 6 月 15 日

专业性的冒险激进

缺乏专业性的冒险激进，只会让你送命。

——《名利场》杂志"新企业峰会"

（New Establishment Summit），2016 年 10 月 20 日

- -

怎么做？做什么？谁去做？

创业初期，公司是一个人的事情，至少在第一天是这样。你不仅要想做什么，还要亲自去做。随着公司的壮大，在某个阶段，你大部分时间想的是做什么，而不是怎么做。最终，在某个阶段，你大部分时间想的是谁去做，而不是做什么。因此，可以把它看作一个这样的过程：从"怎么做"到"做什么"，再到"谁去做"。

——《哈佛商业评论》（Harvard Business Review），

2007 年 10 月

高度聚焦

初创公司需要高度聚焦。我见过很多初创公司，也同企业家们有过见面和交流，它们（初创公司）同时做的事情太多了。公司的前期资源非常宝贵，而且极为有限，所以你必须保持高度聚焦，这一点真的很重要。

——纽约"92 街希伯来男女协会"文化中心，

2001 年 4 月 11 日

初创公司需要运气

我认为，所有的初创公司都需要大量的运气。

——《查理·罗斯访谈录》，2000 年 6 月 28 日

企业家很多，非常聪明的人很多，非常勤奋的人也有很多，但你要知道，碰上"九星连珠"般的好运，将小公

司发展壮大为大公司，这样的人少之又少。这样的人不仅需要周密的计划、勤奋地工作和忠诚的团队，还需要"九星连珠"般的运气，甚至是"银河连珠"般的好运。

——美国成就学会访谈，2001 年 5 月 4 日

经理人的危险

公司的创建者（企业家）与职业经理人的一大区别是：创建者会坚守愿景，并事无巨细地为之努力。我认为，公司引入职业经理人的一大危险是：如果某件事情行不通，他们做的第一件事情就是改变愿景。这种做法通常是不正确的。

——《连线》杂志"设计颠覆创新"大会，

2009 年 6 月 15 日

愿景的分选

一旦你有了宏大的愿景，就会发现它里面还包括数百个小愿景。你必须能够进行无情的分选，要能够说："不，我们不做这个，不做那个。我们只专注于这三件事情。"

——《*成功*》杂志（*Success*），1998 年 7 月

第三章

——

商业法则

知道明显的东西

任何时候，都要牢牢地抓住明显的东西。

—— 《连线》杂志，2011 年 11 月 13 日

寻找答案

如果你在做事前就知道答案，那你的公司就会消失。

—— 美国《时尚先生》杂志（*Esquire*），2008 年 9 月 25 日

保持谦逊与偏执

保持谦逊和偏执，会带来回报。

—— A.B.Dick 公司关于企业家精神的演讲，

1998 年 3 月 21 日

坚守战略

归根结底，不要因为某些"听众"不理解你的战略就改变你的战略。

——《连线》杂志"设计颠覆创新"大会，

2009 年 6 月 15 日

....

做一个有使命感的人

我坚信，有使命感的人才能做出更好的产品，他们会更用心。对一个有使命感的人来说，它不只是公司。你的公司不可或缺，你的公司有合理性，但这些都不是你做公司的理由。你做公司，是因为某种有意义的东西在激励着你。

——《财富》杂志（*Fortune*），2010 年 6 月 29 日

雇佣军努力，是为了赚钱；有使命感的人努力，是为了尽其所能地创建最好的客户体验。要知道，其中的悖论在于：到头来，有使命感的人赚到的钱往往会更多。

——《Kindle 日志》(*The Kindle Chronicles*),

2016 年 7 月 26 日

不要只图光鲜的外表

公司不应沉醉于光鲜的外表，因为光鲜的外表是不长久的。你真正需要的，是某种深入骨髓的东西——你需要的是客户看重你的服务。

——《连线》杂志，2011 年 11 月 13 日

一个行业，多家公司

重要的、有价值的行业，很少是由单个公司建立起来的。

——创业在线课程"创业学院"演讲，2008 年 4 月 19 日

将你的战略建立在稳固的基石之上

最重要的东西，是不会有大变动的东西；最重要的东西，是稳固的东西，是你未来要依靠的基石，你知道它肯定会在那里。

——美国广播公司新闻网（ABC News），

2013 年 9 月 25 日

很少有人问我："未来 5 年或 10 年内，什么东西是不会改变的？"在亚马逊，我们随时都在努力弄清楚这个问

题，因为这些不变的东西才是飞轮的旋转轴。今天，你为它们投入精力，10 年后，它们还会给你带来红利。

——《哈佛商业评论》，2007 年 10 月

很多公司都会犯这样的错误：当外部环境突然改变时，它们就会失去信心，转而去追逐最新的浪潮。

——《纽约时报》，2002 年 5 月 19 日

如果你的战略是建立在短暂性的东西之上的——你的竞争对手是谁、你可以采用的技术等，这些东西是会快速变化的，因而你也就不得不快速改变战略。

——《哈佛商业评论》，2007 年 10 月

抱怨不是办法

重要的商业法则之一是：抱怨不是办法。要知道，你

只能同"现有"的世界合作，而不是同你想要的世界合作。

——"报纸的未来"大会，2017 年 6 月 21 日

为客户服务的动力

以客户为中心，而不是以竞争对手为中心，会带来很多好处，其中之一是：如果在某个领域领先，你会充满动力。如果你完全以竞争对手为中心，那你在某个领域做到第一后，就很难保有动力。

——美国自由科学中心"天才盛典 4.0"，

2015 年 5 月 1 日

不要谈论竞争对手

我们有一个优良的传统：不谈论其他公司。我喜欢这

个传统。

——创业在线课程"创业学院"演讲，2008 年 4 月 19 日

应对竞争

不要自满。要做到这一点，一种方法是：永远保持初学者的心态。要有这样的心态：在这个牌局中，你是新手，可能有某个你不知道的人正在为客户提供比你更好的服务。

——"慧购网"购物峰会

（ShopSmart Shopping Summit），2011 年 5 月 11 日

我们要做的是：找到某个竞争对手比我们做得更好的某个方面，并对此表示祝贺。这样，我们就知道我们存在的理由了。他们能做到，我们也能做到。因此，我们就会采取行动，努力做得和他们一样好。

——"慧购网"购物峰会，2011 年 5 月 11 日

发展新技能

要盘点你的技能，知道自己擅长什么，然后努力去做与你的技能相匹配的事情。但我们认为，如果你只是这样做，迟早会落伍，因为你的客户总会需要你现有技能无法提供的东西。

——D：数字化大会（D：All Things Digital），

2008 年 5 月 27 日

口　碑

如果你做的事情不能让人们议论，那就很难产生口碑。

——《彭博商业周刊》，2004 年 8 月 1 日

投资者与经理人

这个世界有很好的劳动分工。管理团队……的艰巨工作是：努力创建一家重要的、持久发展的公司。华尔街的分析师和投资者的艰巨工作是：努力弄清楚这家公司的价值是多少。

——《查理·罗斯访谈录》，1999 年 4 月 2 日

短期投资者与长期投资者

如果你要投资互联网类股票（其实，普通的科技类股票和具体的互联网类股票都是如此），那你就必须进行长期投资。如果你是小投资者，那这类股票只应占你投资组合的小部分，因为它具有波动性。

——彭博，2002 年 7 月 14 日

你很难让短期投资者高兴，因为要让短期投资者高兴，你就得做出不符合客户利益的取舍。而长期投资者想要的是：你要想办法让客户高兴。

——纽约"92 街希伯来男女协会"文化中心，

2001 年 4 月 11 日

如何知道股票价值

如果你能弄清楚两件事情——公司的未来现金流和公司的流通股票数量，那你对该公司股票现在的合理价值就能了如指掌了。

——《致股东的信》，2002 年 4 月 18 日

不要关注短期盈利能力

公司必须有盈利能力？是的！如果不能盈利，任何公司都无法坚持做下去。如果你想做一家长期、持久发展的公司，就必须盈利。但我们认为，如果管理团队现在只关注短期盈利能力的最大化，那这就是最目光短浅、最糟糕的决策。

——《达拉斯新闻晨报》，1999 年 8 月

我们公司开业六个月后，1995 年 12 月就开始盈利了。这是任何公司都会犯的最大错误，因为如果公司每周都在快速成长，那它显然具有客户喜欢的价值主张，因而你必须想办法在这个方面进行投资。

——《查理·罗斯访谈录》，2000 年 6 月 28 日

投入与收益

新加盟亚马逊的高层管理人员经常会感到奇怪：我们很少花时间讨论公司实际的财务结果或公司未来的财务收益。我想澄清的是，我们非常重视财务收益，但我们认为，获得长期财务收益最大化的最有效方式，是集中精力对公司进行可控的投入。

——《致股东的信》，2010 年 4 月 14 日

先关注成长，再关注效率

你应该做的，不是投入公司所有的行政资源、时间、精力和人员，去努力提高 1% 的运营效率。相反，你应该先努力做大公司的规模，做到连提高 1% 的效率都至关重要的规模。

——纽约"92 街希伯来男女协会"文化中心，

2001 年 4 月 11 日

将利润投资于公司

亚马逊拥有很多不同的公司，有些公司较为成熟，盈利能力很强，为亚马逊创造了大量利润。然后，我们拿出这些利润，大胆"押注"，投资于更新的商业想法和可能成功也可能失败的事情。同时，我们也将利润投资于表现稳定的项目。事实上，它们表现得太好，我们都想"加倍下注"。

——印度工商联合会（FICCI），2014 年 10 月 1 日

坚守本业

经常有人会问："为何不坚守本业？"对于坚守本业，我的观点是：对大多数公司而言，过度坚守本业是不正确的。没错，坚守某个行业，你可以磨炼技能。通过学习，你可以在少数事情上做到极致，然后希望借此向外拓展。

但是，你的客户需要的是与时俱进的变化。

——犹他州科技委员会名人堂，2012 年 11 月 30 日

业务延伸

我们做出业务延伸的决策，是非常审慎的。基本上，我们有两个方向：根据客户的需求（这一点非常重要），向后延伸；基于我们的技能，向前延伸。

——《连线》杂志"设计颠覆创新"大会，

2009 年 6 月 15 日

如何获得协同效果

我坚信，公司应该通过商业合同来获得协同效果。如果你想通过公司合并来获得协同效果，那往往是行不通的。

这应该是你最后的选择手段。

——彭博，2002 年 7 月 14 日

播下种子

我们播下一颗种子，往往 5 到 7 年后，它才会对公司的经济因素产生有意义的影响。

——《哈佛商业评论》，2007 年 10 月

不要盯着股市

我不会每天都盯着股市。我认为，股市里没有什么信息。

——《哈佛商业评论》，2013 年 1 月 3 日

如果公司的股价这个月上涨了 10%，不要觉得自己聪明了 10%，因为某个月公司的股价下跌 10% 的时候，你就会觉得自己愚蠢了 10%，而这种感觉是很难受的。

——"点火"大会（Ignition），2014 年 12 月 2 日

不要相信公关

好的公关，不要相信。不好的公关，也不要相信。

——《外交事务》杂志，2015 年 1 月和 2 月刊

制订长期规划

比如，你想解决全球饥饿问题。如果你计划在 5 年内解决，那你肯定会沮丧、绝望，因为这是一个很棘手的问题。不过，你可以说："好吧，我们来看看如何在 100 年内

解决这个问题。"虽然这还是有问题，因为 100 年后你已经去世了，但你会更容易找到解决的办法。

——《时代周刊》（*Time*），1999 年 12 月 27 日

不要收缩

一味地收缩，是不会有实质作用的。

——"报业的未来"大会，2017 年 6 月 21 日

赢得声誉

声誉是卓越的一个滞后指标。

——亚马逊新闻发布会，2014 年 6 月 18 日

这就是赢得信任的方法：做出可靠的承诺，然后信守承诺。如果能够不断地赢得信任，我们就可以拓展新的业务、开发新的产品，因为客户会对我们"疑罪从无"。

——《查理·罗斯访谈录》，2010 年 7 月 28 日

对公司而言，品牌犹如个人的声誉。赢得声誉很难，失去声誉很容易。

——"爱迪生国家"公司系列视频，2011 年 4 月

要知道，你无法决定自己哪一天会有新的身份和新的声誉。你需要从过去和历史中寻找真理，发现某种已经存在的东西。然后"加倍下注"，把它变为自己的声誉。

——"报业的未来"大会，2017 年 6 月 21 日

声誉比金钱更有价值

你可以说，我们让小部分人失望了，可我们会赚到更多的金钱。但是，如果你让人们失望了，你就失去了品牌声誉。而对我们来说，品牌声誉要比金钱有价值得多。

——《纽约时报》，1999 年 11 月 28 日

不要不是装是

你绝对不能做的一件事情——你肯定见过不少公司这样做过，那就是：不是装是。就连做广告，高明的广告商也是先找到带给受众的真正价值，再大声吆喝。

——《彭博商业周刊》，2004 年 8 月 1 日

闭紧嘴巴

在商界，不管有何种理由，通常都不应吹嘘自己的成就。

——《查理·罗斯访谈录》，2016 年 10 月 27 日

抽象的品牌

你可以拥有一个代表某种产品的品牌名称，但在我看来，这个品牌名称的价值和力量不及代表某种更为抽象的东西的品牌。

——《查理·罗斯访谈录》，2001 年 6 月 27 日

建立流程

好的流程会为你服务，因而你就可以为客户服务了。但是，如果你不当心，流程就会成为问题。这种事情，大公司很容易发生。流程会成为你想要的结果的"代理服务器"。不要看结果，要确保你做的流程是正确的。

——《致股东的信》，2017 年 4 月 12 日

如果你没有严格流程管理的经验，那你起初就会以为流程管理相当于官僚主义。有效的流程管理不是官僚主义，官僚主义是无价值的流程管理——我们也存在着某些官僚主义。

——《哈佛商业评论》，2007 年 10 月

基于事实的决策与基于判断的决策

基于事实的决策有一大优点：它们可以超越等级限制。公司里等级最低的员工，基于事实做出决策，也能赢得与等级最高的人的辩论。

——《快公司》杂志（*Fast Company*），

2004 年 8 月 1 日

基于数据的决策，会赢得广泛的赞同；基于判断的决策，理应受到质疑，而且往往充满争议。至少在付诸实践并得到证实之前是如此。任何公司，只要不愿意忍受争论，其决策就必须限于第一种。在我们看来，这样做可以限制争议，同时也会极大地限制创新和长期价值的创造。

——《致股东的信》，2006 年 4 月 21 日

保留意见，坚决服从

要使用"保留意见，坚决服从"（disagree and commit）这个短语，它可以节省大量的时间。如果你对某个方向很有信心，即使与对方没有达成共识，最好也要这样说："你瞧，我就知道我们对此会有分歧，但你愿意和我一起搏一把吗？保留意见，坚决服从？"在这个时刻，谁对答案都没有确切的把握，因此，他可能会马上同意。

——《致股东的信》，2017 年 4 月 12 日

快速决策

大多数决策，只要有约 70% 你想要的信息，可能就应该做出。如果你等到有 90% 的信息再做决策，大多数情况下，你可能就慢了。

——《致股东的信》，2017 年 4 月 12 日

"你把我折腾够了",这样的决策过程是非常糟糕的,它很慢,而且浪费精力。相反,要快速决策,再逐步调整——这样做更好。

——《致股东的信》,2017 年 4 月 12 日

我们要快起来,赶快去尝试,果断地做出决策。我们不必达成共识后再去做这些决策。大多数决策都是"双向门",如果我们尝试的东西是错误的、行不通的,那我们就退出来,重新进去。

——"报业的未来"大会,2017 年 6 月 21 日

第四章

———

客户服务

客户至上

亚马逊公司的核心是客户至上，而不是竞争对手至上。

——《名利场》杂志"新企业峰会"，

2016 年 10 月 20 日

......

以服务客户为使命

我从一开始就意识到，我们必须拥有一个超越自我的使命，就像第二次世界大战后索尼公司所做的那样。他们立志将日本变成品质的代名词，而不是廉价的复制品。他们取得了巨大的成功。我们的使命是：提高客户的期待水平，从而让所有公司都提高水平。如果我们能够做到这一点，那我们就是在做真正有意义的事情。这是我们能讲述给子孙们听的故事。这就是使命和工作的区别所在，如果是工作，你是不会有故事讲给子孙们听的。

——《卫报》，2001 年 2 月 10 日

其他机构，不管是公司、医院，还是政府部门，都应该将亚马逊视为榜样，然后说："我们怎样才能像亚马逊那样做到以客户为中心？"

——四峰山论坛上的讲话，2013 年 9 月 13 日

了解你的客户

非凡的客户体验，开始于内心、直觉、好奇、玩乐、勇气和品位。这些东西，你是不会在调查中发现的。

——《致股东的信》，2017 年 4 月 12 日

客户服务的定义

对于"以客户为中心"这一点，我们有着非常精准的定义。其意思是：倾听、创新和个性化。

——《查理·罗斯访谈录》，2000 年 6 月 28 日

倾 听

要倾听客户的意见，但不要只是倾听——还要替他们找到解决的办法。

——《致股东的信》，2010 年 4 月 14 日

创 造

我们不想从某个想法出发，然后为客户努力，而是想从客户的问题出发，然后创造新的解决方案。

——《彭博商业周刊》，2004 年 8 月 1 日

你必须记住：创造不是客户的工作。要知道，每个客户都有自己的工作，他们都在为他们的客户创造新的东西。如果你关注的是团队和事物本身，你的创造往往会误入歧途，因为客户不一定清楚自己想要什么。

——纽约"92 街希伯来男女协会"文化中心，

2001 年 4 月 11 日

个性化

人们想要的不是普通的东西——他们想要的是真正适合自己的东西。

——新闻稿，1998 年 12 月 22 日

采用先进的技术——如我所言，我们正在这样做，我们不仅可以逐个了解我们每件产品的特性，还可以逐个了解每个客户的个性化需求。

——A.B.Dick 公司关于企业家精神的演讲，

1998 年 3 月 21 日

减少摩擦

我们生活在一个复杂的世界里，如果你知道如何为人们把事情变得简单，他们就会看重你所做的事。

——《查理·罗斯访谈录》，2009 年 2 月 26 日

减少摩擦，不管是什么行为，只要把它变得更容易，你往往就会从中得到更多。

——《连线》杂志"设计颠覆创新"大会，

2009 年 6 月 15 日

为每一个客户创造伟大的服务

"我们努力在做的，不是为千百万客户创造伟大的服务，我们在努力为每一个客户创造伟大的服务。"如果你这样思考，那为每一个客户创造伟大的服务的结果，是你会赢得千百万客户。

——亚马逊新闻发布会，2014 年 6 月 18 日

自 CEO 而下的客户服务

我们是面向客户定价的。说到无情地压低价格，我一直坚持检查定价，并同整个定价链条的员工交谈。我要确保我们的价格是有竞争力的，给我们客户的价格是最低的。我认为，这件事情具有很强的杠杆作用，我会从一级员工到五级员工"全程参与"。

——《哈佛商业评论》，2007 年 10 月

最持久的商业战略

如果你的商业战略是基于可变的东西，那你就得不断地改变战略。如果你围绕客户的需求制定战略，那你的战略就会趋于稳定。

——《查理·罗斯访谈录》，2009 年 2 月 26 日

客户与股东利益的一致性

我认为，采用长期思维，是可以解决这个两难问题的。主动迎合客户，可以赢得信任，继而从这些客户那里获得更多的订单，哪怕是在新的商业领域也会如此。从长期来看，客户的利益和股东的利益是一致的。

——《致股东的信》，2013 年 4 月 12 日

不要依赖客户忠诚

依赖品牌忠诚度的公司是危险的。你不依赖客户忠诚，客户才会忠诚于你。这是一大悖论，你不能躺在客户的忠诚上，坐吃老本。

——《花花公子》，2000 年 2 月

我经常提醒我的员工要感到害怕，每天早上醒来都要有恐惧感。不是害怕竞争，而是害怕我们的客户。因为客户，我们的公司才有今天。我们和客户建立了关系，我们对客户有着很大的责任。我们要知道，如果其他人为客户提供了更好的服务，客户就不会再忠诚于我们了。

——《致股东的信》，1999 年 3 月 5 日

赢得客户的信任

你如何赢得信任？我可以告诉你如何不会赢得信任。你不要请求别人信任你，这绝对是行不通的。我认为，要赢得信任，有一种简单的方法。这种方法很难实施，做起来很难，但说起来很简单。赢得信任的方法是：第一步，把困难的事情做好；第二步，重复这样做。

——亚马逊新闻发布会，2014 年 6 月 18 日

差 评

我们的观点是：不必害怕差评；我们赚钱的方式是：帮助客户做出购买决定。差评有助于客户做出购买决定，因此，这是完全以客户为中心的视角。差评可以为客户提供帮助，如果你对这些差评进行精心筛选，最终你就会销售出更多的产品。

——《彭博商业周刊》，2004 年 8 月 1 日

劝说客户不要乱花钱

客户告诉我，我们劝他们不要购买某个产品。此时，我感到非常自豪，这是为客户提供的莫大的帮助和服务。对大多数产品而言，你付出的最大代价，不是你花的那些钱，而是你购买来使用后所浪费的那些时间。

——《花花公子》，2000 年 2 月

多做，少说

我们决定，将钱用于降低价格和提供免费送货，而不是用于电视广告。这一决定受到了客户的欢迎。

——新闻稿，2004 年 10 月 21 日

你要把 70% 的时间用于"建造"卓越的客户体验，30% 的时间用于"吆喝"它。

——《查理·罗斯访谈录》，1999 年 4 月 2 日

让客户享有知情权

这个世界正变得越来越透明——信息越来越完善。如果你这样认为，那聪明的策略就是：和客户保持信息一致。

——《哈佛商业评论》，2007 年 10 月

如果你的商业模式是部分基于不让客户享有知情权，或客户只享有部分知情权，那你最好马上改变你的商业模式。

——亚马逊云服务全球峰会，

2012 年 11 月 29 日

......

评价两极化的公司

从客户的角度来看，我们不是一个评价两极化的公司。几乎每个人，甚至是最苛刻的批评者都认为，我们的客户服务做得很棒。在这个方面，我们有点儿"沉闷"，但我认为这是很重要的。而说到我们的股票，评价就非常两极化了。你们是知道的，有些人是我们的忠实粉丝，一直和我们在一起，而有些人则认为这是他们做过的最糟糕的投资。

——纽约"92 街希伯来男女协会"文化中心，

2001 年 4 月 11 日

让客户有存在感

如果你真的是以客户为中心的，那你就好比是宴会的主人，你在为客人们举行宴会。而有时候，宴会的主人是在为自己举行宴会。

——《CNN 杰克·塔伯带你看新闻》（*CNN The Lead with Jake Tapper*，CNN 是指美国有线电视新闻网）节目，

2013 年 9 月 25 日

事实上，几乎所有公司举行会议，不管这个会议有多重要，都有重要的一方会缺席，那就是客户。因此，在公司内部，客户很容易被忘掉。如果你在亚马逊公司四处走走，问员工们："为什么这件事情要这样做？"我希望你得到的回答是："因为这样做对客户会更好。"

——《查理·罗斯访谈录》，1999 年 5 月 26 日

解决办法来自客户

沃伦·巴菲特有一个流传久远的故事，说他的办公桌上摆放着三个盒子：收件盒、发件盒和难题盒。不管什么时候，只要面临这样让我们进入无限循环、无法做出决策的难题，我们就会把它转换为一个直接的问题："怎样做对客户会更好？"

——《哈佛商业评论》，2007 年 10 月

客户社区

客户评价有一个好处：一个客户可以帮助别的客户做出购买决定。这就是社区的意义。所谓"社区"，就是邻居可以互相帮助。如果你敲开邻居家的门，可以借到一杯糖，那你就知道自己居住的地方是社区。公司无法创建社区，公司能够做的，是为客户社区提供便利和帮助。

——美国出版商协会，1999 年 3 月 18 日

自动化的客户服务

我们建立了自动化的服务系统，这些系统可以查找我们提供的客户体验未达到我们标准的服务问题，然后把钱退还给客户。

——《致股东的信》，2013 年 4 月 12 日

....

客户服务会创造效率

只要客户认为亚马逊网站上的某个产品有问题，任何客服人员都可以将它下架。将问题产品下架后，当然就会有一系列的倒查过程，同时也就不会将同一张桌子反复寄送给同一个客户了。

——亚马逊云服务全球峰会，

2012 年 11 月 29 日

消除服务瑕疵，消除"联系我们"

这是最佳的客户服务，找到驱使客户"联系我们"的瑕疵，努力消除这些瑕疵，并倒查下去，直到找出它们出现的根本原因。

——"慧购网"购物峰会，2011 年 5 月 11 日

我们对最佳客户体验的理解是：客户不需要联系我们。每次客户联系我们，我们都把它视为服务瑕疵。

——《连线》杂志，2011 年 11 月 13 日

客户联系我们，应该只有一个理由："我只是想说，我要感谢你们。"

——"慧购网"购物峰会，2011 年 5 月 11 日

第五章

——

企业文化

打造团队

打造一支有才华、多样化的团队……这可能是公司最大的"组件"。这绝对是关键所在。给这个团队的人机会创建重要的东西，提升客户的生活品质，为这个世界带来根本的改变……以此来吸引有才华的人加入这个团队。杰出的人才应该也是有产者，通过股票期权激励，他们就是有产者。

——《成功》杂志，1998 年 7 月

新生事物层出不穷，单打独斗是无法跟上时代的步伐的。因此，你必须做的是，建立一套招贤纳才的程序，吸引并留住那些聪明的、才华横溢的、勤奋的、渴望融入你愿景的人。

——《查理·罗斯访谈录》，2000 年 6 月 28 日

你能想到的、能追求的生活中任何重要的成就，最终都是团队合作的结果。

——美国航空博物馆阿波罗展览开幕式，

2017 年 5 月 20 日

自我增强的文化

我们公司的人喜欢创造，所以其他喜欢创造的人会被吸引到这里，不喜欢创造的人在这里会感到难受。因此，公司在不断地自我增强。

——《财富》杂志，2003 年 5 月 26 日

招募创造者

面试的时候，我会让求职者给我讲一个他们创造的事

例。我会告诉他们，不一定是获得专利权的发明创造，可以是创造并沿用的某种度量方法，也可以是创造的某种商业程序。你要挑选那些具有独特创造性的人。

——犹他州科技委员会名人堂，2012 年 11 月 30 日

各个层面的创造

你要招募那些喜欢创建、创造的人——你要确保他们对各个层面的创造都感兴趣。要知道，有时候你会碰到这样的人，他们只喜欢纸上谈兵，而在现实世界里无法带来真正的进步。

——斯坦福大学"企业家精神大会"

（Conference on Entrepreneurship），2005 年 2 月 12 日

招募你欣赏的人

想想你在生活中欣赏的人，他们很可能就是你能从他们身上学到东西并可以作为榜样的人。对我而言，我总是尽量只和我欣赏的人共事。我鼓励公司的员工也这样做。人生非常短暂，必须这样做。

——《致股东的信》，1999 年 3 月 5 日

加班工作、勤奋地工作、聪明地工作

想在亚马逊工作，不是一件容易的事情。（面试的时候，我会告诉求职者："你可以加班工作、勤奋地工作或聪明地工作，但在亚马逊公司，你没有选择，这三点都要做到。"）我们是在努力创造某种重要的东西——对我们的客户有价值的东西、我们可以向我们的子孙讲述的东西。要创造这样的东西，注定是不容易的。

——《致股东的信》，1998 年 3 月 30 日

员工应该喜欢在这里工作

员工待在他不喜欢的地方，这对他和公司来说都是没有益处的。

——《致股东的信》，2014 年 4 月 10 日

随和的氛围

我们公司的氛围比较随和，我认为这有助于员工对我说"不"。不仅是对我说"不"，同样重要的是，他们还可以向他们的主管、副董事长等公司高管说出内心的想法。我认为，随和的氛围会带来巨大的益处。

——《哈佛商业评论》，2007 年 10 月

严肃、活泼

严肃和活泼，两者并不矛盾，你绝对可以做到。这是我们要努力做到的事情，也是我们取得的最大成就。我们会碰到某些重大的问题，我们会团结一致，我们会开怀大笑。

——《哈佛商业评论》，2007 年 10 月

对《纽约时报》批评亚马逊职场文化一文的回应

《纽约时报》的文章声称，我们的管理方法是为了创造一种没有灵魂的、反乌托邦式的职场，这里没有快乐，听不到笑声。我要再次申明，我不认可这样的亚马逊，我希望你们也不认可这样的亚马逊。推而广之，我认为在今天这种竞争激烈的技术招聘市场，采用该文章所描述的管理方法，任何公司都不会生存下来，更不用说发展壮大了。

——内部备忘录，2015 年 8 月

领导作用

在亚马逊公司，仅凭我的资历，就可以做到其他人很难做到的某些事情。

——"点火"大会，2014 年 12 月 2 日

保持公司文化

现在，我的主要工作是：努力帮助保持公司文化——高标准的卓越运营、创造力，以及愿意失败、愿意大胆尝试。我是公司的"平衡器"，可以对体制性的"不"说"是"。

——《商业内幕》新媒体，2014 年 12 月 13 日

你可以把企业文化写下来，但你不能凭空创造企业文化。你必须在实践过程中发现企业文化、挖掘企业文化，通过员工和事件、通过成为公司传统的一部分的过去的成

功故事和失败故事，假以时日，才能慢慢创造出企业文化。

——《致股东的信》，2016 年 4 月 6 日

高管的主要工作

公司高管的主要工作是：发现两三个伟大的点子，然后强力实施这些伟大的点子。

——互联网协会慈善晚会，2017 年 5 月 2 日

高管要进入"战壕"

我从未见过哪个我认为优秀的高管没有选择某些具有高杠杆效应的事情——他们认为某个地方非常重要，会自始至终检查，直到进入实施阶段。

——《哈佛商业评论》，2007 年 10 月

我从未见过哪个高效的经理人或高管没有花一些时间下到"战壕"里。如果不这样做，他们就会和现实失去联系，他们的整个想法和管理都会变成抽象的、与现实脱节的东西。

——《财富》杂志，2003 年 5 月 26 日

城市工作园区的好处

亚马逊公司总部的员工中，有 15% 的员工是生活和工作在同一邮政编码区的，20% 的员工步行上班。因此，住在城市工作园区（Urban Campus）要比住在郊区园区（Suburban Campus）更为环保……而且，也更有活力。我相信，在城市工作园区对亚马逊也是有好处的，因为它可以让员工同充满活力的城区保持接触。

——"点火"大会，2014 年 12 月 2 日

"两个比萨法则"（Two–Pizza Rule）

任何团队，都不应超过两个比萨能吃饱的规模。对于重大的事情，你显然需要大团队，但你需要把大团队细分为小团队……通过许多小团队来完成重大的事情——这需要花很多精力来组织。如果你能组织好，那这些小团队内部的交流就会变得非常自然、容易。

——被颁发"开拓者奖"（Pathfinder Award）时的演讲，

2016 年 10 月 22 日

六页备忘录

我们公司所有的会议都是以"六页备忘录"的形式展开的，你要用完整的句子和完整的段落写出你的想法。此时，你就必须有非常清晰的思维。

——《查理·罗斯访谈录》，2012 年 11 月 16 日

如何开会

大多数会议应该用来做某种"头脑风暴"或类似的事情。此时，你的思想就在四处漫游。思想漫游是超级重要的。认为自己完全知道要去哪里，这是不够谦逊的，不会让你有所创造。

——Code 大会，2016 年 6 月 1 日

待在白色书写板附近

如果我可以安排自己的每一天，追求纯粹的快乐，那一定是和其他人待在白色书写板附近。

——《查理·罗斯访谈录》，2012 年 11 月 16 日

保持谦逊

外面的人可能会认为亚马逊公司已经登上了世界的巅峰，虽然他们完全有理由感到好奇，但在公司内部，我们竭力避免这样想。

——《达拉斯新闻晨报》，1999 年 8 月

杰夫·贝佐斯的办公桌

贝佐斯的办公桌是由一块门板钉上四根木棍改造的，这象征着公司将钱用于对客户重要的事情上，而不是用于对客户毫不重要的事情上。

——《60 分钟》，1999 年 2 月 3 日

低　薪

相对于大多数公司，我们的现金薪酬是很低的，我们也没有任何激励性薪酬。我们没有这样做，是因为这样不利于团队合作。

——《财富》杂志，2012 年 11 月 16 日

有偿志愿者

有偿志愿者是最好的共事者，因为他们来这里是有着正确的理由。

——英国《每日电讯报》(*Telegraph*)，

2015 年 8 月 16 日

第六章

——

创造与创新

探索与进化

我认为，有好奇心、喜欢探索是一项生存技能。我们那些缺乏好奇心、没有探索精神的祖先，其生存的时间可能不及那些不断探索下一个山脉、看看是否有更多食物来源和更好气候环境的祖先。

——《商业内幕》新媒体，2014 年 12 月 13 日

亲近未来

如果你远离未来，那未来永远是胜利者。

——《名利场》杂志"新企业峰会"，

2016 年 10 月 20 日

前瞻与创新

我深信，向前看比向后看会有更多的创新。

——TED 演讲，2003 年 2 月

梦想家与建造者

先有梦想家。梦想家有梦想……建造者随之而来，在梦想的激励下，有些梦想会成为现实。

——《查理·罗斯访谈录》，2012 年 11 月 16 日

追随"星际迷航"

作为一种文明——作为一种技术文明，我们人类离拥有那台"星际迷航"中有神奇能力的"终极电脑"还有很

远的距离。我们还需要几百年。实际上，我认为我们不需要那么长的时间。

——《华盛顿邮报》"变革者"系列报道，

2016 年 5 月 18 日

创业与守业

守业（Day Two）是停滞状态，继而是落后，继而是痛苦而煎熬地衰落，最终就是死亡。因此，我们永远要保持创业状态（Day One）。

——亚马逊全体会议，2017 年 3 月

我认为，守业时，改变的速度会变慢，而互联网的变化是加速度的、日新月异的。

——《查理·罗斯访谈录》，2012 年 11 月 16 日

探索者心态

简而言之，有些公司有征服者心态，而我们的公司有探索者心态。

——《哈佛商业评论》，2013 年 1 月 3 日

......

人们需要创造

士气不是来自不断地给予他们东西让他们高兴，而是来自能够创造。人们喜欢创造。问题："能行吗？"答案："绝对能行！"

——美国《时尚先生》杂志，2007 年 1 月 29 日

不走寻常路

创新总是引领你走上人们认为奇怪的道路。

——斯坦福大学"企业家精神大会"，

2005 年 2 月 12 日

两种批评者

任何时候，采取任何新的做法都会有人批评。批评者有两种：一种是诚挚的批评者，另一种是旧的做法的既得利益者——他们会从批评中获得经济利益。

——"慧购网"购物峰会，2011 年 5 月 11 日

应对批评

如果人们对你的批评是出于善意的，那就会对你有好处，让你自我反省。他们的批评是对的吗？如果他们是对的，你就需要改变现在的做法。如果他们的批评是错的，而且你坚信他们是错的，那你就要乐于被人们长期误解。这是创新的关键所在。

——美国智库阿斯彭研究所（Aspen Institute）

第 26 届年度颁奖晚宴，2009 年 11 月 5 日

看看过去，我们被人叫作"亚马逊完蛋""亚马逊骗局""亚马逊炸弹"，在我们公司建立的最初三年里都是如此。这就是我想说的——要乐于被人误解。

——《查理·罗斯访谈录》，2010 年 7 月 28 日

接受改变

拥有甜头的在位者是很难接受改变的。真的很难。美化过去很容易，但往往是错误的。

——《商业内幕》新媒体，2014 年 12 月 13 日

固执与灵活

要创新，你就必须既要固执，同时又要灵活。当然，困难在于知道何时应该固执，何时应该灵活！

——《快公司》杂志，2004 年 8 月 1 日

创造生意

我所热爱的，是创造。因此，我在做现在这个生意。

我喜欢做生意，但我热爱的不是生意，而是和我们的某个产品团队一起创造新的东西。比如，研究新一代客户有何需求。

——《查理·罗斯访谈录》，2000 年 6 月 28 日

为什么不？

在互联网行业工作的人，大量的时间都用于寻找点子和提问："为什么要做这个？"有时候，更为强大的问题是："为什么不？"

——《连线》杂志，2008 年 4 月 21 日

成功的试验支撑新的试验

我的一项工作，是鼓励人们大胆试验。这项工作非常

艰难。就其本身的性质而言，试验是很容易失败的。几项重大的成功试验，可以弥补数十项失败的试验。大胆地"下注"——亚马逊云服务、Kindle、亚马逊金牌会员制、第三方销售商业务——这些试验都是大胆"下注"的成功例子，它们为大量的试验提供了支撑。

——《商业内幕》新媒体，2014 年 12 月 13 日

大公司的创新

我们要做一家具有创新能力的大公司。我们既要有规模为客户带来优质服务的能力，也要有初创公司常有的那种快速行动力、灵活性和接纳风险的心态。

——《致股东的信》，2016 年 4 月 6 日

大公司要做到"零失误"创新，就需要拥有快速成长的小公司的那种文化，而这是相当罕见的。

——《连线》杂志"设计颠覆创新"大会，

2009 年 6 月 15 日

成功有很多父亲

俗话说："失败是孤儿，成功有很多父亲。"这种说法非常正确，它道出了某种本质的东西：任何大规模事情的完成和成功，肯定要有很多"父亲"。

——美国全国广播公司财经频道（CNBC），

2013 年 9 月 25 日

降低试验成本

我认为，公司要进行大量创新，其方法是：竭尽所能地降低试验成本。因为问题在于：如果试验费用过于昂贵，那几乎没人会进行多少试验。

——麻省理工学院 ACM/IEEE 俱乐部演讲，

2002 年 11 月 25 日

大事情，要从小事情开始

大事情，要从小事情开始。要知道，最高大的橡树也是从橡果开始的。如果你想创新，就要让那颗橡果变成幼苗，然后长成小树。也许有一天，它自己就会成为一个大生意。

——四峰山论坛上的讲话，2013 年 9 月 13 日

长期目标会培育创新

如果我们要在两三年内就看到有意义的财务成果，那么有些很有意义的事情，我们甚至根本还没有开始做。

——《哈佛商业评论》，2013 年 1 月 3 日

不要过早放弃

我认为，大多数公司——特别是大公司，都放弃得过早了。

——Code 大会，2016 年 6 月 1 日

引发争议

亚马逊公司必须继续做创新先行者，而先行者不可避

免地会引起某些争议。四年前，我们第一个让客户发布对图书的负面评论帖子的时候是如此。一年前，我们发布全店销售排行榜的时候也是如此。有一点，我们要让每个人都知道：即使在探索未知领域的时候，我们也随时在努力做正确的事情——随时在倾听客户的意见。

——新闻稿，1999 年 8 月 26 日

既要强壮，也要敏捷

公司要做到一点：既要强壮，也要敏捷。因此，你要能够承受打击，同时还要能够快速反应、创新，迅速采取新的做法。这是防守未来的最佳办法。

——《名利场》杂志"新企业峰会"，

2016 年 10 月 20 日

超越教科书

我们的很多系统是基于最新的计算机科学研究成果，但这往往是不够的，我们的架构师和工程师还必须沿着学术研究尚未涉足的方向推进研究。我们面临的很多问题，教科书里都没有解决方案。因此，我们必须创造新的办法，而且乐此不疲。

——《致股东的信》，2011 年 4 月 28 日

死胡同

我们就像是在沿着巷子前行，结果却走进了死胡同。当然，偶尔，某条死胡同会豁然开朗，通向阳光大道，而这会带来真正的快乐。

——亚马逊公司记者招待会，2012 年 9 月 6 日

吸引注意力

注意力是 20 世纪末的稀缺品。吸引注意力的一种方法，也是我们采用的方法：第一个做全新的、创造性的、能为客户带来真正价值的事情。

——美国专业图书馆协会（SLA）年度大会，

1997 年 6 月

跟随战略

如果你关注的是竞争对手，那就得等到竞争对手做了某件事情后，你才能跟着去做。关注客户，你会更有开创性。我们发现，在互联网领域，"跟随"（Me Too）战略似乎不太能行得通。

——《美国新闻与世界报道》

（*U.S. News & World Report*），2008 年 11 月 19 日

如果有 100 家公司都在做某件事情，而你是第 101 家做这件事情的公司，那你不会为社会带来任何真正的价值。

——《查理·罗斯访谈录》，2012 年 11 月 16 日

互联网行业与紧跟潮流

网络世界变化迅速、日新月异，紧跟潮流的效果不及在某个更为稳定的、变化较慢的行业发展的效果。

——斯坦福大学"企业家精神大会"，

2005 年 2 月 12 日

开创者与模仿者

根据我的经验，你创造出某种新的点子，如果够幸运，通常你只有两年的起跑时间，然后竞争对手就会模

仿你的点子。

——《查理·罗斯访谈录》，2016 年 10 月 27 日

你有足够多的理由做一个模仿者，只不过，模仿无法带来满足感和快乐！

——《连线》杂志，1999 年 3 月 1 日

亚马逊之道

我们做事情，必须有曲折，必须有所创新，必须让客户说："是的，这就是我希望亚马逊做的！"

——《查理·罗斯访谈录》，2001 年 6 月 27 日

巴诺书店

巴诺书店在网上根本没有任何创新——他们所做的，全是模仿亚马逊的特色方法，有时候连用词都一模一样。这么做对吗？

——奥莱利网站（Oreilly.com），2000 年 3 月 2 日

- -

不要另起炉灶

创新的时候，有一点非常重要：对于不能创造任何新价值的东西，不要另起炉灶来做它。

——"爱迪生国家"公司系列视频，2011 年 4 月

创造与提升

真正的创新，不仅要创造，还要提升。创造新的东西并不困难，但创造新的更好的东西很困难。

——"爱迪生国家"公司系列视频，2011 年 4 月

创新与破坏

我们不寻求破坏，我们寻求快乐。

——英国《每日电讯报》，2015 年 8 月 16 日

创新不是破坏，只有客户的选择才会带来破坏。在亚马逊，我们创造的很多东西，客户根本就不在意。相信我，这些东西没有对任何人造成破坏。

——互联网协会慈善晚会，2017 年 5 月 2 日

创造新常态

在亚马逊，让我们最开心的，莫过于"创造新常态"——创造客户酷爱的新东西，重新"设定"客户对常态的期待。

——《致股东的信》，2014 年 4 月 10 日

永远保持年轻

如果你和你的客户群体一起变老，那你最终就会落后时代，变得无关紧要。因此，你必须不断地弄清楚谁是你的新客户，以及你应该如何保持永远年轻。

——美国广播公司新闻网，2013 年 9 月 25 日

赋能创新

最彻底的、颠覆性的创新，往往是那些赋能他人去释放创造性、追求梦想的创新。

——《致股东的信》，2012 年 4 月 13 日

哪怕是善意的"守门人"，也会延缓创新。如果创新平台是自助式的，那就算是不可能的想法，也会被尝试，因为没有专家"守门人"在那里说："这绝对行不通！"你猜会怎样？这些不可能的想法，许多竟然行得通，而社会也会从中受益。

——《致股东的信》，2012 年 4 月 13 日

新东西会消灭旧东西吗？

每次出现新的技术创新，都有人预言旧东西会灭亡。

电视机出现的时候，所有人都预言电影院会灭亡，而他们显然是错的，电影院变得比以前更大、更好。

——《达拉斯新闻晨报》，1999 年 8 月

教育驱动经济

很久以前，人们认为驱动经济的是原材料，拥有黄金最多的国家就是最富裕的国家。如今，这已不再正确，驱动经济的，是人们接受的教育以及他们随后的创新。

——《查理·罗斯访谈录》，2001 年 6 月 27 日

不要惩罚失败

单位时间内，我们能做的大试验，肯定不如小试验多。因此，我们必须谨慎地选择大试验。即便如此，也不要有

太高的期望，以为这些试验都会成功，尤其是大试验。

——"慧购网"购物峰会，2011 年 5 月 11 日

谨慎地选择试验（但不要期望它们会成功）

管理人员碰到失败时，要继续前进，去做更大、更重要的事情。不要阻止他们，也不要叫他们走开。如果你真的希望优秀人才大胆创新，那么即使会失败，也不要让他们担心，不要让他们这样想："其实，我只想做稳妥的事情。"

——印度工商联合会，2014 年 10 月 1 日

失败是成功的钥匙

我认为，我们是世界上最有资格失败的人。（我们有大量的失败经验！）失败和创新是连体双胞胎，要创新，你

就得试验。如果你事前就知道它会成功，那就不是试验。

——《致股东的信》，2016 年 4 月 6 日

保持愿景

每次失败后，我们都会问自己："你还相信这个愿景吗？"如果我们有坚定的信心，它就会赋予我们力量，让我们去寻求新的方法。

——《财富》杂志，2009 年 5 月 26 日

失败的成本

失败的成本，几乎都不会特别高昂。大多数公司付出的最大成本都很难察觉，它们都是可以忽略不计的错误。

——《连线》杂志"设计颠覆创新"大会，

2009 年 6 月 15 日

不好的失败

有一种失败不同，它是你不想要的失败。这种失败，是你拥有操作的经验，也知道自己在做什么，但你就是搞砸了。

——互联网协会慈善晚会，2017 年 5 月 2 日

童心与专长

你要保持一颗童心，要能够不落入专长的陷阱。一旦你成了专家，就很难依然拥有儿童般好奇的目光，也很难保持初学者的心态。然而，伟大的创造者永远都在好奇地寻找，他们永远都不会感到满足。某件东西，他们可能看见过千百次，非常熟悉，但他们仍然觉得这件东西还可以改进。

——美国自由科学中心"天才盛典 4.0"，

2015 年 5 月 1 日

挫折是机会

我们喜欢将挫折视为创新的机会，而不是问题。

——印度工商联合会，2014 年 10 月 1 日

既要熊掌，也要鱼

正确的问题是：我们如何才能既要熊掌，也要鱼？我们需要什么创新，才能两者兼得？

——犹他州科技委员会名人堂，2012 年 11 月 30 日

解决问题

你说："好吧，我们来花 15 分钟时间质疑这个问题、挑毛病。然后，我们根据程度高低排出所有行不通的理由，

然后对这些理由逐个找出解决办法。"反复这样做，你就可以解决这个问题了。

——《查理·罗斯访谈录》，2012 年 11 月 16 日

我不相信完美

世界上的大多数问题都已经有了某种解决办法，所有这些解决办法都还可以加以改进，所有的事情都还不够完美，我不相信完美。

——"爱迪生国家"公司系列视频，2011 年 4 月

逆向工作法

有时候，人们看见问题，并为之感到烦恼。于是，他们创造了某种解决办法。而有时候，你可以采用逆向工作

法。事实上，我认为在高科技领域，很多创新都来自逆向工作法。当看见某种新科技、某种新东西或对世界的某种新的理解时，你可以从解决办法出发，逆向工作，去找出恰当的问题。

——斯坦福大学"企业家精神大会"，

2005 年 2 月 12 日

自由地游荡

你在游荡，并不意味着你迷路了。要想创新，就一定要记住这一点。

——美国自由科学中心"天才盛典 4.0"，

2015 年 5 月 1 日

想法会繁殖

想法有一个很好的特点：每个新的想法都会产生两个以上的其他新想法。想法与淘金热不同。1849 年，去加州淘金的人越多，金子被淘尽的速度就越快。而想法不是这样的，想法会繁殖。

——《外交事务》杂志，2015 年 1 月和 2 月刊

改进专利制度

专利应该鼓励创新，但在我们生活的这个世界，专利正在扼杀创新。政府部门应该检讨现有的专利制度，看看是否需要修改《专利法》，因为我认为有些专利战对社会是不利的。

——《地铁报》（*Metro*），2012 年 10 月 15 日

想到长远

现在，我们人类拥有的科技能力过于强大，我们必须想得更远。你知道的，1 万年前，我们人类是无法造成多大伤害的。我想，100 年后、500 年后，我们会拥有造成巨大伤害的能力，但同时也拥有成就伟大壮举的能力。我是非常乐观的，我认为我们不会造成伤害，我们会找到解决的办法。

——被颁发"开拓者奖"时的演讲，2016 年 10 月 22 日

旧日时光不美好

我们这个社会的各个方面都在一天天变得更好。对此，我深信不疑。我是一个乐观主义者。要知道，"旧日好时光"的神话往往是虚构的东西。

——四峰山论坛上的讲话，2013 年 9 月 13 日

第七章

———

技术与设备

技术无处不在

我们公司的所有团队、流程、决策和创新方法都植入了技术，我们做的所有事情都与技术深度融合。

——《致股东的信》，2011 年 4 月 28 日

一家小型人工智能公司

亚马逊是一家科技公司。事实上，我认为我们在很多方面都像是一家小型的人工智能公司。

——A.B.Dick 公司关于企业家精神的演讲，

1998 年 3 月 21 日

革新性技术

实体业界的零售商会继续使用技术，其目的是降低成本，而不是革新客户体验。我们也会继续使用技术来降低成本，我们使用技术的更大作用，是推动销售和收益。

——《致股东的信》，2001 年 4 月 13 日

掌控技术

我们在努力让人们更容易掌控技术，而不是受技术的掌控。

——美国全国广播公司财经频道，2013 年 9 月 25 日

赋能他人创新

每次找到能赋能他人创新的某种工具或服务，你就会意识到其中的意义。

——《名利场》杂志"新企业峰会"，

2016 年 10 月 20 日

拥有某种新技术或新方法，你就能创造出某种新的艺术形式，有时候还可以复活旧的艺术形式。

——《查理·罗斯访谈录》，2007 年 11 月 19 日

旧技术

任何新技术，其目标当然是成为旧技术。

——彭博，2002 年 7 月 14 日

共同进化

数千年来，我们和工具一直在共同进化。我们改变了工具，工具也改变了我们。

——《连线》杂志"设计颠覆创新"大会，

2009 年 6 月 15 日

便宜而先进

努力降低价格，以接近保本的价格销售设备，许多先进的硬件就可以在极低的价位获得。

——新闻稿，2012 年 10 月 25 日

我们希望通过人们使用我们的设备——而不是购买我们的设备——来赚钱。我们认为，这样做更能让我们和客户保持一致。例如，我们不需要迫使客户不停地升级设备。如果

看到客户仍在使用"四岁"的 Kindle，我们会感到非常高兴。

——《致股东的信》，2013 年 4 月 12 日

设备与服务

人们需要的不是设备，而是服务。

——《查理·罗斯访谈录》，2012 年 11 月 16 日

自大的设备

我讨厌自大的设备……它们就像是微波炉，不打开炉门就会"嘟嘟"地叫个不停……你真正需要的，是设备不要妨碍你、打扰你。

——美国智库阿斯彭研究所第 26 届年度颁奖晚宴，

2009 年 11 月 5 日

多功能设备

多功能设备总是更好，这是一个神话。

——《连线》杂志"设计颠覆创新"大会，

2009 年 6 月 15 日

定制化

定制化的东西也是不起作用的。

——亚马逊云服务全球峰会，

2012 年 11 月 29 日

娱乐引领技术

普遍而言，娱乐（包括旅游）往往会引领新技术。反过来，这些新技术又会影响娱乐，以重要的、实用的方式被使用。

——《华盛顿邮报》"变革者"系列报道，

2016 年 5 月 18 日

亚马逊云服务与亚马逊方法

亚马逊云服务是一个很好的例子，说明亚马逊是如何应对想法和风险的。我们竭尽所能地以客户为中心，快速创新，并推动运营卓越。我们的管理具有两个看似矛盾的特点：一个是迫不及待地加快送货速度，另一个是乐于想得长远。

——新闻稿，2015 年 4 月 23 日

亚马逊云服务是如何开始的

我们做亚马逊云服务，最初真的是为了我们自己。随着"应用编程接口"（API）这套系统的创建，我们意识到：如果我们再多做一点儿，就可以对外开放"应用编程接口"，把它们销售给其他人。于是，我们开启了一项全新的、专门面向程序开发人员群体的业务，而且获得了巨大的成功。你知道的，我现在碰到的所有初创公司，几乎都在使用亚马逊云服务的弹性计算云平台（ECC）。

——美国图书展（BookExpo America），

2008 年 5 月 30 日

亚马逊云服务的目的

我们希望找到亚马逊公司里有用的东西，并且展现它，把它推广给更大的群体，看看其他人能否找到利用亚马逊这些东西的、让我们惊喜的方式。

——"亚马逊云服务2.0"播客，2004年10月5日

亚马逊云服务背后的整个想法，是让公司专注于真正重要的业务部分，并对其进行差异化处理。我们不希望这个服务很难学习。

——创业在线课程"创业学院"演讲，2008年4月19日

人工智能与人类智能

要让机器像人类那样做事，我们还有很长的路要走。即使是对顶尖的人工智能专家来说，人类智能仍然是相当神秘的……想想我们是如何学习的，你就知道人类拥有惊人的数据处理能力。因此，在训练语音助手 Alexa 之类的东西识别自然语言的时候，我们使用了数百万个数据点，

我们必须收集所谓的"地面实况数据库"。收集"地面实况数据库"是一件非常耗费财力、非常费力的事情，它是
Alexa 学习的训练样本集。人类如果通过学习而拥有惊人的数据处理能力，我们只需要少量的样本。

——《华盛顿邮报》"变革者"系列报道，

2016 年 5 月 18 日

我们仍然不知道如何制造能像人类那样思考的计算机，但我们已经解决了 10 年前看似无法解决的问题。从医药、无人驾驶汽车到语言，人工智能将成为赋能的基础设施，所有行业都将使用人工智能。

——意大利《共和报》（ *La Repubblica* ），

2016 年 7 月 24 日

机器学习

基于规则的系统可以被成功使用，但它们很难维护。随着时间的推移，还会变得脆弱。在很多情况下，高级机器学习技术可以提供更为精确的分类，可以自我修复，以适应环境的变化。

——《致股东的信》，2011 年 4 月 28 日

人工智能可以改进所有东西

机器学习和人工智能是横向赋能的，机器学习可以赋能并改进所有的公司、所有的政府部门、所有的慈善机构。可以说，这个世界上的任何机构都可以通过机器学习加以改进。

——互联网协会慈善晚会，2017 年 5 月 2 日

人工智能与美国政府

在所有方面、所有层面，美国都需要机器学习和人工智能。美国政府的所有部门都可以采用人工智能，为美国公民提供更好的服务。

——美国科技委员会（ATC）"圆桌会议"，

2017 年 6 月 19 日

专业化的人工智能

我认为，未来世界会出现一大群人工智能代理……你会发现人工智能变得专业化，你不能使用同样的人工智能去解决所有的问题，就像现在的各种应用程序 App 和网站。

——Code 大会，2016 年 6 月 1 日

Alexa 事业

我们的愿景是：Alexa 未来会成为"星际迷航"电脑。你可以问它任何问题，可以让它为你做事情、为你找东西，还可以和它轻松、自然地交流。

——《华盛顿邮报》"变革者"系列报道，

2016 年 5 月 18 日

语音控制

基于人类语音设计的经验，将从根本上提高人们利用技术的能力。

——新闻稿，2015 年 6 月 25 日

Echo 无处不在

Echo 是一种共享设备，它与电话不同，因为电话是私人设备。我和我的孩子们（我有四个孩子）、我的妻子一直在使用 Echo。每个人都有自己的播放列表和音乐偏好，如果妻子和孩子们同时待在厨房向 Alexa 发出指令，就会发生严重的冲突。有四个孩子待在家里，肯定会非常吵闹。如果你看看"消费电子产品展"最近发布的公告，就会发现大多数制造商都在计划将 Echo 和 Alexa 放进汽车里。

——《公告牌》杂志（*Billboard*），2017 年 2 月 9 日

技术的为善与为恶

技术是为善还是为恶，这通常是不可知的。我认为，在未来 50 年内，我们的社会将面临许多艰难的选择，无法确保这些技术是用于为善的。

——美国成就学会访谈，2001 年 5 月 4 日

生物技术的危险

我更担心的是……武器的扩散，包括我们即将看到的生物技术领域里的巨大工程进展。我认为，这会带来一整套新的伦理决定，不只是"你想把你的孩子变得更漂亮吗"之类的伦理决定，还包括坏人是否会获得极其危险的技术。

——美国智库阿斯彭研究所第 26 届年度颁奖晚宴，

2009 年 11 月 5 日

数据安全

你知道的，数据安全是一种极为动态的安全。如果坏人变得强大，好人就必须不断地变得更加强大。

——"慧购网"购物峰会，2011 年 5 月 11 日

新技术需要新法律

我们这个时代面临着一个问题：如何保障个人隐私与国家安全。这是我们这个时代的一个大问题，需要最高法院对它进行审视，所有公民和立法者都需要审视这个问题。

——《华盛顿邮报》"变革者"系列报道，

2016 年 5 月 18 日

第八章

———

纸质图书与 Kindle 电子书

对图书的酷爱

图书是我的一大酷爱，尽管这不是亚马逊公司最初经营图书的理由。

——《花花公子》，2000 年 2 月

为什么选择图书？

我选择图书，是因为图书具有一个非同寻常的特点，那就是：图书的种类比其他任何商品的种类都要多，流通和出版的图书多达数百万种。此外，我要做的是只能在网上才能做到的事情。要开办一家种类齐全的书店，只有在网上才有可能做到。

——《名利场》杂志，2008 年 7 月这真的是我们创建亚马逊的初衷。如果你回去看看亚马逊最初的商业计划，就会发现，我们对自己的细分定位是：让人们方便、快捷地找到难以找到的图书。我认为，这使整个"生态系统"都更有活力。

——美国图书展，2008 年 5 月 30 日

让读者能够买到改变人生的图书

假如现在你每次走进书店，能够买到一本改变人生的图书的概率为 1/1000，我们想做的，是把这个概率提升至 1/500，5 年后提升至 1/200，再过 5 年提升至 1/100。

——《华盛顿邮报》，1998 年 11 月 8 日

尽管有亚马逊，实体书店依然会继续营业

实体书店不会因为亚马逊而关门歇业。现在，每隔四天，巴诺就会新开一家图书超市；每隔九天，博德斯就会新开一家图书超市。

——《快公司》杂志，1996 年 10 月 31 日

图书销售业的未来

互联网正在颠覆整个传媒业……人们可以抱怨它，但抱怨不是办法。图书销售业的变化，不是因为亚马逊，而是因为未来。

——《60 分钟》，2013 年 12 月 1 日

怀念实体书店

有时候，人们会问我关于竞争对手的问题：我们为竞争对手感到担忧吗？我们为竞争对手感到难过吗？有时候，我们会的。我非常怀念实体书店，要知道，我小时候阅读的就是纸质图书。我和所有人一样怀念实体书店，但我也想说的是，人们喜欢怎样读书，这不是由我们决定的。

——犹他州科技委员会名人堂，2012 年 11 月 30 日

图书太过昂贵

如果你想拥有健康的读书文化，就必须让人们更容易得到图书，其中就包括降低图书的价格。在我看来，图书太过昂贵了。要知道，30 美元购买一本图书，这也太贵了……如果你认为"我们只是在和其他售价为 30 美元的图书进行竞争"，那你是不会成功的。如果你知道自己的竞争

对手是"糖果传奇"游戏（Candy Crush）……那你就会说：
"也许我们应该努力降低人们长时间深度阅读的阻力。"

——"点火"大会，2014 年 12 月 2 日

亚马逊的旧书销售

我们刚开始销售旧书的时候，出版行业的人不喜欢我们这种做法，因为我们把那些旧书和新书放在了一起。你知道的，对于这样的事情，我们的想法很简单。如果我们觉得这是不错的客户体验，就会认为随着时间的推移，它会对整个"生态系统"有很大的贡献。我认为，实践已经证明，销售旧书是正确的选择……如果人们花 4 美元就可以试读某位作者的图书，那他们会更愿意购买。你知道的，根据我们所做的研究，根本没有发生旧书和新书"同类相残"的情况。

——美国图书展，2008 年 5 月 30 日

Kindle 的发布

三年多来，我们一直在做 Kindle。我们的首要设计目标，是让 Kindle 从你的手中消失——不要妨碍你，这样你就可以享受阅读的乐趣了。我们还希望超越纸质图书。Kindle 是无线网络的电子阅读器，因此，无论你是躺在床上，还是在乘坐火车，如果你想读书，60 秒内就可以获得一本图书，不需要任何电脑——你可以直接从这个设备上购买。

——新闻稿，2007 年 11 月 19 日

你不能脱离图书的本质

我们要做的，是这个技术可以做到而纸质图书永远无法做到的那些事情，而不是简单地复制所有最新的图书。

——《查理·罗斯访谈录》，2007 年 11 月 19 日

电子书对出版商是利好吗？

电子书的所有相关方都拥有大量的机会。如果从出版商的角度来看 Kindle 上的电子书，就会发现：它们永远不会缺货；你不必印刷大量的图书，然后销毁过量印刷的图书；没有任何实际的印刷成本。

——《IO 记者报》（*IO Reporter*），2011 年 2 月 6 日

电子书的效率

电子书的供应链具有很高的效率：你不必做图书印刷；你不必为了增加单品的销量而打折促销；作者拥有更多的读者；每个人都会挣到更多的钱；资本投资回报率更高，因为你不必付出与发行、运输、发行印刷设施等相关的资本支出。

——《连线》杂志"设计颠覆创新"大会，

2009 年 6 月 15 日

Kindle 的阅读率

我们发现，人们购买 Kindle 后，阅读图书的数量是购买 Kindle 之前的四倍。

——英国广播公司新闻网（BBC News），

2012 年 10 月 11 日

Kindle 图书销量超过纸质图书销量

现在，客户购买 Kindle 电子书的数量往往会超过购买纸质图书的数量。我们早就估计到这种情况最终会发生，但我们根本没想到会发生得这么快——我们销售纸质图书已有 15 年了，而销售 Kindle 电子书还不到 4 年。

——新闻稿，2011 年 5 月 19 日

前所未有的利润率

现在，出版商的利润率前所未有地高，图书业也比以前任何时候都繁荣，而这一切都是因为电子书的出现。

——《商业内幕》新媒体，2014 年 12 月 13 日

长时间深度阅读的重要性

真正重要的，不是故事内容，而是故事的叙述方式。长时间深度阅读对我们的社会是非常重要的。

——D：数字化大会，2008 年 5 月 27 日

我认为，我们从长时间深度阅读中得到的东西，与短时间碎片阅读中得到的东西是不同的。两种阅读形式都很重要。如果你阅读我非常喜欢的图书之一《长日留痕》①，

---

①《长日留痕》（*The Remains of the Day*）：诺贝尔文学奖得主石黑一雄（Kazuo Ishiguro）的作品，中文也译作《长日将尽》。——译者注

放下书后，你就会忍不住想：我刚才花了 10 个小时体验了
不同的生活，我对生活和懊悔有了更多的了解。阅读博客
上的文章，你是不会有这些想法的。

——美国《新闻周刊》[①]（ *Newsweek* ），

2009 年 12 月 20 日

小说不会消亡

我认为，当前创作形式的小说会继续繁荣。这并不是
说不会出现新的叙事创新，很可能会有创新，事实上，这
种可能性很大，但我认为小说不会被取代。

——美国《新闻周刊》，2009 年 12 月 20 日

[①]《新闻周刊》：2010 年与 Daily Beast 网站合作，2012 年 12
月 31 日出版最后一期印刷版杂志，并于 2013 年初全面转向数
字版。

追求专注度

我们希望，假以时日，Kindle 及其后续产品可以渐进地推动我们进入一个更加专注的世界，以抗衡近年来日益扩散的"信息快餐"。

——《致股东的信》，2008 年 4 月 18 日

图书的演变

我们要拥抱新技术，不要反抗新技术。你知道的，人们已经不记得图书本身就是一项技术，而且是非常复杂、精细的技术。它从在泥上刻字演变为写在羊皮卷上，再演变为其他各种各样的形式。你忘记了，是因为你对图书习以为常。不要忘了，图书也是一项技术。

——《查理·罗斯访谈录》，2007 年 11 月 19 日

纸质图书与马

我确信，在一定的时间范围内，图书会借助电子设备被人们阅读——你知道的，绝大多数人都会这样阅读。我的意思是，纸质图书不会完全消亡，就像马没有完全消亡一样。

——D：数字化大会，2008 年 5 月 27 日

亚马逊网上书店的作用

你心里想着要购买某个书名的图书，如果去亚马逊实体书店，你很可能会失望而归，因为那里的图书都是经过精心挑选的……如果你清楚自己要购买哪本书，去亚马逊网上书店就完全可以满足你的需求。因此，亚马逊网上书店满足的需求，与实体书店是不同的，你可以随意浏览、搜索，也可以愉快地"闲逛"。

——Code 大会，2016 年 6 月 1 日

一家由客户评审的实体书店

我们利用亚马逊网上书店的数据，推出了精选图书实体店。因此，你走进书店，里面的每本图书的客户评价几乎都超过 4.8 颗星。逛这样的书店，知道里面的每本图书都经过了客户的评审，这是一件很酷的事情。

——《Kindle 日志》，2016 年 7 月 26 日

第九章

———

太空与"蓝色起源"

到月球上去

现在，美国应该重返月球了，而且这次要留在月球上。

——美国《航空周刊》（*Aviation Week*）第 60 届
"年度航空航天桂冠奖"，2017 年 3 月 2 日

太空的新黄金时代

我相信，我们正在进入太空和太空探索的新黄金时代。这个时代的到来，是因为我们人类已经拥有了高水平的技术，我们为此做好了准备。

——约翰·格伦太空历史演讲（John H. Glenn Lecture
in Space History），2016 年 6 月 14 日

地球是最好的星球

在我们的太阳系里——也许在宇宙的任何地方,你永远都不会找出像地球这样美丽、舒适的地方。我们在地球上进化——事实上,我们和这个星球共同进化,因而它是最适合人类的星球。随着人类的不断发展,我们确实需要走出地球,进入太阳系。不只是去一两个星球,而是要到太阳系的各个角落。

——美国自由科学中心"天才盛典 4.0",

2015 年 5 月 1 日

利用太空保护地球

地球的基准能耗,就算每年复合增长 3%,这个增长率也是可怕的。几百年后,整个地球表面都需要铺满太阳能电池,才能为这个星球提供能源……在随后的几百年里,

165

我们需要建立真正的太空文明。我认为，将要发生的情况是：我们把所有的重工业都搬离地球，将地球专门用于居住和发展轻工业。我们要保护这颗璀璨的明珠，是因为地球在太阳系里是独一无二的，而且在短时间内，我们还不可能到达新的太阳系。

——约翰·格伦太空历史演讲，2016 年 6 月 14 日

我不是想为地球制订"B 计划"，而是想用"B 计划"来确保"A 计划"是可行的。我认为，要拯救地球就应该进入太空。

——Code 大会，2016 年 6 月 1 日

要么进入太空，要么停滞发展

拯救地球的另一个路径，是保持停滞、不再发展。我认为这并不好玩。我认为，你来到这个星球，不只是为了

生存，你肯定希望做些令人惊讶的事情。而要做到这一点，我们就必须走出地球，进入太阳系。

——被颁发"开拓者奖"时的演讲，2016 年 10 月 22 日

我们说："那好吧，我们只需要冻结能源利用，保持现状就行了。"这种说法是完全不道德的，因为其他 70 多亿人现在需要增加能源利用量。我们拥有的，他们也应该拥有。

——Code 大会，2016 年 6 月 1 日

新世界拯救旧世界

我们确实需要"进化"为先行者。理由很充分。新世界拥有拯救旧世界的办法——尽管我们还无法预测拯救的方式、原因和时间。本来就该如此，我们需要这个边疆，我们需要把人搬入太空。

——《商业内幕》新媒体，2014 年 12 月 13 日

太空企业

我们希望"蓝色起源"达到的目标是：建好重型基础设施，为太空诞生数千家公司创造条件，就像过去 21 年来我所见证的互联网一样。

——《名利场》杂志"新企业峰会"，

2016 年 10 月 20 日

循序"猛"进

"蓝色起源"的格言是：循序"猛"进（Gradatim Ferociter）。其意思是"逐步推进，勇往直前"。我们的计划是：首先做亚轨道运载工具，然后完成系列的运载工具，最终的长期目标是做成帮助人们进入太空的产业。

——美国图书展，2008 年 5 月 30 日

"蓝色起源"的吉祥物

我们的吉祥物是乌龟，因为我们相信：慢即稳，稳即快。

——被颁发"开拓者奖"时的演讲，2016 年 10 月 22 日

可重复使用火箭

如果你问我："太空旅行为什么这样昂贵？"其中的一个原因是：那些硬件使用后，我们把它们都扔掉了。

——《查理·罗斯访谈录》，2016 年 10 月 27 日

我认为，太空旅行可以做到更便宜，同时又更可靠、更安全。事实上，我认为重复使用火箭会增加可靠性……我宁愿乘坐飞过一段时间的波音 787，也不愿乘坐刚出工厂的飞机首航。

——约翰·格伦太空历史演讲，2016 年 6 月 14 日

火箭一直都是牺牲品，不能再这样了。现在，我们在得克萨斯州西部的发射场就珍藏着一只"稀有神兽"——一枚使用过的火箭。

——"蓝色起源"博客，2015 年 11 月 23 日

新谢泼德火箭与新格伦火箭

我们正在研制两个运载工具。一个运载工具叫作"新谢泼德火箭"（New Shepard），得名于第一个进入太空的美国人艾伦·谢泼德（Alan Shepard）。我们正在研制的第二个运载工具叫作"新格伦火箭"（New Glenn），得名于第一个绕行地球的美国人约翰·格伦（John Glenn）。

——美国航空博物馆阿波罗展览开幕式，

2017 年 5 月 20 日

太空旅行民主化

"蓝色起源"的远期目标是：做亚轨道旅游和地球轨道旅游，同时让太空旅游民主化，任何想去太空的人都掏得起钱。

——亚马逊云服务全球峰会，

2012 年 11 月 29 日

"蓝色起源"的首个目标

我们的首个目标是：开发新谢泼德火箭。它是一种垂直起飞、垂直降落的运载工具，可以搭载少量宇航员进入太空亚轨道。

——"蓝色起源"博客，2007 年 1 月 2 日

"新格伦"的目标

我们将用"新格伦"来为卫星公司执行商业有效载荷运载任务，同时也会把人送入太空。到 2020 年前后，我们就将发射新格伦火箭。

——被颁发"开拓者奖"时的演讲，2016 年 10 月 22 日

"新谢泼德"的优势

这个运载工具的一大好处是：它可以自动飞行。它就像是飞行机器人，可以自动飞入太空、返回地球，并在地球上着陆，因而我们在项目测试期间就不必让宇航员冒风险了。然后，一旦对这个运载工具有了完全的把握，我们就会把人送入太空。

——《CBS 今晨秀》节目，2015 年 11 月 24 日

BE-3 火箭发动机

使用液氢具有挑战性,"深度节流"具有挑战性,重复使用也具有挑战性。BE-3 火箭发动机要面对这三大挑战。其带来的回报是:性能最佳;垂直着陆,甚至是单发动机垂直着陆;成本低。

——新闻稿,2015 年 4 月 7 日

为什么要进入太空?

有幸进入太空的人为数寥寥,他们说:"当你透过地球稀薄的大气层,从太空俯瞰地球时,你以往的想法就会有所改变。你会意识到这个星球是多么脆弱,又是多么壮美。"因此,我们希望能够为更多的人提供这种体验。

——美国《航空周刊》第 60 届"年度航空航天桂冠奖",2017 年 3 月 2 日

太空旅游

我希望把旅游作为太空飞行的一大任务，因为它的飞行频率非常高，你可以做大量飞行。有一点我们很清楚：我们人类做任何事情，只有通过实践才会做得更好。今天最常用的发射工具，每年可能只会发射十多次。每年只做十多次，你肯定不会做到非常好。

——美国航空博物馆阿波罗展览开幕式，

2017 年 5 月 20 日

太空训练

训练不应该超过一天的时间，这个系统的设计从一开始就是尽量缩短训练的时间。你得知道如何系上安全带之类的事情，但训练量不是很大。

——"蓝色起源"新闻发布会，2017 年 4 月 5 日

21 世纪的助推发动机

我们拥有工具、技术、软件模拟和动力计算，这些都是火箭发动机制造者所梦想拥有的东西。今天，我们可以制造 21 世纪的火箭发动机：可靠性高，发射成本低，运营成本低，性能高。

——"点亮未来"（Igniting the Future）新闻发布会，

2014 年 9 月 20 日

"蓝色起源"与太空技术探索公司

太空技术探索公司（SpaceX）要做的，其实和"蓝色起源"很相似，因为该轨道火箭的第一阶段也是亚轨道飞行。这与我们现在所做的完全相似。

——美国有线电视新闻网财经频道（CNN Money），

2015 年 11 月 24 日

埃隆·马斯克

我和埃隆·马斯克（Elon Musk）交谈过很多次。我认为，我们在很多事情上都不谋而合。关于未来的构想、如何开发太空，我们俩的看法不完全一致，但拥有很多相似之处。

——《佛罗里达今日报》（*Florida Today*），

2016 年 3 月 12 日

众多公司进军太空

太空非常浩瀚，可以容纳众多的成功者。我希望太空技术探索公司、维京银河航空公司（Virgin Galactic）以及其他太空公司都能获得成功。大产业不是由某个公司做成的，而是由众多公司合力做成的，这样才能创造一个"生态系统"。

——意大利《共和报》，2016 年 7 月 24 日

实现登陆月球的目标

我们的液氢技术和精确垂直着陆经验可以为登陆月球任务提供最快的路径。我为此感到非常激动，准备和美国国家航空航天局（NASA）共同投资，以实现登陆月球的目标。

——《华盛顿邮报》，2017 年 3 月 2 日

人工智能与太空

我相信，人工智能为未来的太空探索提供了一种方式：利用越来越先进的机器人探索太阳系。

——美国航空博物馆阿波罗展览开幕式，

2017 年 5 月 20 日

打捞 F-1 火箭发动机

大约一年前，我就在想：借助水下探索团队，我们能否找到并打捞开启人类登陆月球之旅的 F-1 火箭发动机？我很高兴地告诉大家，借助最先进的深海声呐技术，该团队已经找到了躺在水下 14000 英尺 ① 深处的"阿波罗 11号"太空飞船的发动机。我们正在制订计划，准备将其中的一两个发动机从海底打捞出水面。

——"贝佐斯的探险"公司（Bezos Expeditions，贝佐斯的个人投资公司）内部演讲，2012 年 3 月 28 日

太空资源

要想在太空中长时间生活，而且做到成本合算，就必

———————————

① 1 英尺 ≈ 0.305 米。

须利用太空中发现的资源。

——美国航空博物馆阿波罗展览开幕式,

2017 年 5 月 20 日

激情与生意

创建"蓝色起源"的时候,我并没有列出世界上我认为投资回报率高的所有公司的清单。驱动我的,是激情和好奇心,以及探索我关心的事情的必要性。

——《查理·罗斯访谈录》,2016 年 10 月 27 日

他对"蓝色起源"的投资额

也许有一天,我会"解密"这个投资额,但可能不是现在。这么说吧,它是很大一笔投资。也可以这么说,我

觉得自己很幸运，能够拿出这笔投资。

——《科技艺术》（*Ars Technica*）博客网站，

2016 年 3 月 9 日

激情与生意

我的激情在于探索太空，这是肯定的。我的确认为，激情可以变为一桩可行的生意。我认为你必须着眼于长远。

——《查理·罗斯访谈录》，2007 年 11 月 19 日

使不可能成为可能

长久以来——我是说数百年、数千年以来，"登陆月球"这个想法简直是异想天开，人们甚至用它来比喻不可能做到的事情。后来，20 世纪 60 年代，我们人类做到了。

我希望你可以从中得到启示：任何事情，只要下定决心去做，就一定能做成。人类首次登陆月球后，冯·布劳恩（Von Braun）说道："我学到的教训，是使用'不可能'这个词语时要非常谨慎。"

——美国航空博物馆阿波罗展览开幕式，

2017 年 5 月 20 日

第十章

——

投资与慈善

投资好奇心

我的个人投资，大多数是做那些使我感到好奇的、充满激情的事情。在大多数情况下，我不一定指望它们成为好的投资。

——英国《每日电讯报》，2015 年 8 月 16 日

收购《华盛顿邮报》

我购买《华盛顿邮报》，是因为它很重要。我永远不会购买一家财务混乱的咸味休闲食品公司，这对我来说毫无意义，而《华盛顿邮报》是非常重要的。

——《查理·罗斯访谈录》，2016 年 10 月 27 日

一份自我维持的报纸

这不是……一个慈善行为，原因在于：我真的认为，一份健康的、拥有独立新闻编辑部的报纸，应该是自我维持的。我认为这是可以做到的，而且确实做到了。

——"报业的未来"大会，2017 年 6 月 21 日

制约驱动创新

制约驱动创新。你知道的，我认为我对《华盛顿邮报》做过的最糟糕的一件事情，是我对他们（员工）说："不要担心收益，需要什么尽管说，只管工作……"我认为，这带来的报纸质量，是比不上在制约情况下报纸的质量的。

——"报业的未来"大会，2017 年 6 月 21 日

言论自由

我们拥有基本法律，在这个国家，我们拥有宪法赋予的言论自由权，但这并不是全部的原因，我们还拥有支撑言论自由的文化规范，在此之下，你无须害怕报复，这些文化规范至少和宪法一样重要。

——《华盛顿邮报》"变革者"系列报道，

2016 年 5 月 18 日

《华盛顿邮报》的重要性

《华盛顿邮报》的价值观无须改变。该报应继续为读者负责，而不是为其所有者的私人利益负责。我们会坚持追求真相，不管它会带来什么样的结果。我们会努力不犯错误，犯错后，我们会迅速地、完全地承认错误。

——《华盛顿邮报》，2013 年 8 月 5 日

民主死于黑暗，而某些机构发挥着非常重要的作用，可以确保有光明。我认为，在这个方面，《华盛顿邮报》拥有一席之地，它起着极为重要的作用，因为我们恰好位于美国的首都。

——《华盛顿邮报》"变革者"系列报道，

2016 年 5 月 18 日

《华盛顿邮报》采用亚马逊的管理理念

在亚马逊，我们拥有坚守了 18 年、为我们带来成功的三大管理理念：客户至上，创新，保持耐心。如果你把"客户"换成"读者"，这些理念也会在《华盛顿邮报》获得成功。

——英国《独立报》(*The Independent*)，

2013 年 9 月 3 日

我们致力于以客户为中心，对于《华盛顿邮报》而言，就是以读者为中心……我认为你会迷惑不解。你可以以广告商为中心，而广告商想要的，当然是读者数量。因此，在这方面，你应该做到"头脑简单"，应该以读者为中心。如果你以读者为中心，广告商自然有机会到来。

——"报业的未来"大会，2017 年 6 月 21 日

《华盛顿邮报》的赚钱之道

我们必须改变商业模式：过去，我们每位读者的平均收益率较高，但读者的数量较少；现在，我们要大规模地增加读者的数量，降低每位读者的平均收益率。

——Code 大会，2016 年 6 月 1 日

奢侈的报纸

我认为，用纸张印刷的报纸，可能会成为一种奢侈品。

——《今日秀》节目（*The Today Show*），

2013 年 9 月 25 日

万年钟

我们正在建造一座万年钟。这座钟非常特别，其设计的目的是作为长远思维的象征。它藏在得克萨斯州西部的一座山体内，体形非常庞大。丹尼尔·希利斯（Daniel Hillis）是"万年钟之父"，自 1989 年以来，他一直想建造万年钟。他想建造的这座钟，"秒针"一年走一格，表示"世纪"的指针每 100 年走一格，每 1000 年报时一次。其愿景是：建造一座可以计时未来 10000 年的钟。

——万年钟网站（10000YearClock.net），2011 年 6 月

如果你思考的时间范围为 10000 年，那你思考事情的方式就会与以往不同。现在，我们人类完全能够以多种方式改变这个星球，我们拥有非常先进的技术。因此，我们需要长远思考，不只是思考气候和自然生态系统，还包括文明和其他所有的事情。

——《地铁报》，2012 年 10 月 15 日

捐钱有方

我们要弄清楚，如何做慈善工作才会产生高杠杆作用。你捐的钱，很容易毫无效果。捐钱要有效果，其需要的注意力和精力并不亚于建立一家成功的公司。

——《时代周刊》，1999 年 12 月 27 日

短期慈善

我在思考一种慈善策略，它与我大部分时间的工作方式——长远思考完全不同。我发现，对于慈善工作，我更喜欢"光谱"的另一端——现在就做。

——推特（Twitter），2017 年 6 月 15 日

第十一章

——

人生经验

好奇心

如果你能保持孩童般的好奇心，那是上苍赐予你的礼物。好奇心可以帮助你创新，帮助你获得快乐。你知道的，如果拥有孩童般的好奇心，你就会有更多的大笑、更多的快乐。

——四峰山论坛上的讲话，2013 年 9 月 13 日

人性本善

和 18 个月大的婴儿交流、互动，你是不可能不觉得人性本善的。

——美国《时尚先生》杂志，2007 年 1 月 29 日

行为榜样

人生充满了"赌注",其中最大的"赌注"是:谁是你小时候的行为榜样。因此,我努力做我孩子们的行为榜样。

——《商业内幕》新媒体,2014 年 12 月 13 日

激励下一代

很多人的创造和自立精神,甚至我小时候观看的阿波罗发射计划,都给了我激励。我认为,小孩子一旦被激励,你就永远也不知道会发生什么。

——四峰山论坛上的讲话,2013 年 9 月 13 日

伟大的老师

伟大的老师会营造这样的氛围：整个学习过程带给你很大的满足感。任何事情都是如此——做某件事情，如果你发现自己能从中体验到满足感，就会渴望继续做下去。因此，伟大的老师会通过自己的态度、言行，乃及每件事情，设法告诉学生：你在做的是一件很重要的事情。

——美国成就学会访谈，2001 年 5 月 4 日

延迟满足

年轻的时候，你是不会磨炼延迟满足这项技能的。随着年龄的增长，你会越来越擅长这项心理马拉松。

——美国《时尚先生》杂志，2007 年 1 月 29 日

任务转换

我随时都保持专注。就读于蒙特梭利学校期间，学校的老师告诉我的妈妈，说我不会转换任务。他们会把我带走（包括我的椅子），去新的任务站，以此强迫我转换任务。这些年来，我有所好转，但依然故我——转换任务仍然是我的一个问题。

——美国航空博物馆阿波罗展览开幕式，

2017 年 5 月 20 日

你的激情会选择你

你不必选择你的激情，你的激情会选择你。

——《商业内幕》新媒体，2014 年 12 月 13 日

要做那些让你充满激情的事情，不要追求时下流行的激情。

——美国成就学会访谈，2001 年 5 月 4 日

随着时间的推移，很多孩子和成年人都会知道自己的激情所在……我认为这并不是那么困难的事情。我认为，问题有时候在于，我们让自己的理智否决了那些激情。因此，我们需要防备这一点。

——四峰山论坛上的讲话，2013 年 9 月 13 日

年龄越大，知道越少

等到二十二三岁的时候，有一点你很难相信：你已经不是无所不知了。我的意思是，我原本认为随着年龄的增长，人们会知道得越来越多，结果却是每过一年，你都会意识到自己知道的东西越来越少。我可以想象，等我到了

70 岁时，我会变得一无所知。

——美国成就学会访谈，2001 年 5 月 4 日

第一份工作

离开学校寻找第一份工作的时候，最重要的是选择一
个你认为单位时间内自己能学到最多东西的地方。

——麻省理工学院 ACM/IEEE 俱乐部演讲，

2002 年 11 月 25 日

愤 怒

永远不要向愤怒寻求忠告。

——《名利场》杂志"新企业峰会"，

2016 年 10 月 20 日

天赋与选择

聪明是天赋，善良是选择。天赋容易获得，毕竟它是上苍赐予的，而选择却很困难。如果不小心，你被自己的天赋所诱惑，你的天赋就会危害你的选择。

——普林斯顿大学毕业典礼致辞，2010 年 5 月 30 日

不要为自己的天赋而自豪，要为自己的勤奋和选择而自豪。

——美国航空博物馆阿波罗展览开幕式，

2017 年 5 月 20 日

减少悔恨准则

在我看来，做出决定的时候，正确的准则是减少悔恨准则。因此，我会设想自己到了未来，80 岁的我回望自己

的人生，那个时候的我会希望自己做了什么？我希望自己
拥有尽量少的悔恨。我知道，80 岁的我不会为 1994 年放
弃华尔街奖金这类事情而感到悔恨，我甚至都不会记得这
些事情。但是，如果我没有参与我当时认为让人兴奋的互
联网这件事情，那我肯定会悔恨终生。

——A.B.Dick 公司关于企业家精神的演讲，

1998 年 3 月 21 日

后悔缘于没做某件事情，而非做了某件事情

顺便说一下，大多数后悔，都是缘于没做某件事情，
而不是做了某件事情。

——美国成就学会访谈，2001 年 5 月 4 日

做得对的人

经常做得对的人，会多倾听；经常做得对的人，会常常改变想法；经常做得对的人，会想办法否定自己深信的信念。

——被颁发"开拓者奖"时的演讲，2016 年 10 月 22 日

改变想法

即使数据没有变化，我也会改变想法……因为我每天都要重新分析情况，有时候会得出更好的分析结果。事实上，我认为如果今天我不再相信昨天说的话，那我们就应该改变。

——《华盛顿邮报》"变革者"系列报道，

2016 年 5 月 18 日

传统智慧

传统智慧通常都是正确的。

——《名利场》杂志"新企业峰会",

2016 年 10 月 20 日

应对压力

压力主要源于你能够控制某件事情却不采取行动。

——美国成就学会访谈,2001 年 5 月 4 日

幸福之道

你的人生幸福,80% 取决于你选择与谁为伴。

——意大利《共和报》,2016 年 7 月 24 日

他的妻子

我认为我的妻子很有智慧、聪明、有头脑、漂亮。我非常幸运，能在认识她之前就看到了她的简历。因此，我完全清楚她的学术能力评估测试（SAT）的成绩。

——*Vogue* 杂志，2013 年 2 月 19 日

洗　碗

我的妻子说她依然喜欢我。对于这一点，我不想大胆地反驳。每天晚上都是我洗碗。我看得出来，她说喜欢我是因为我洗碗。真是奇怪的事情。

——《商业内幕》新媒体，2014 年 12 月 13 日

迎风而上

我告诉人们：周围世界发生改变的时候，这个改变会对你不利；突然，过去的顺风变成了逆风，你必须迎风而上，弄清楚自己该做什么，因为抱怨不是办法。

——美国广播公司新闻网，2013 年 9 月 25 日

杠杆时间

我们每个人的时间都是有限的，把时间花在什么地方和如何利用时间，这是一种思考世界的、具有极强杠杆作用的方式。

——"点火"大会，2014 年 12 月 2 日

很多人（我不是其中之一）认为，你应该活在当下。我认为，你应该做的是考虑你的未来，确保为未来做好计

划，让自己最终获得满意的人生。

——美国成就学会访谈，2001 年 5 月 4 日

彩票中奖者的人生不会改变

我认为，人们高估了彩票中奖者人生改变的程度。当然，从某种意义上讲，亚马逊公司的员工（包括我在内）也是"彩票中奖者"，但是人们的个性到 25 岁时就大致定型了。因此，彩票中奖不会让人们的生活有太大的改变。

——《花花公子》，2000 年 2 月

个人时间

你很容易被生活"收件箱"淹没，因而变成一个完全被动反应型的人……我所知道的唯一的解决办法，是留出

部分属于你自己的时间。每周二和周四，我都会"先发制
人"。在此期间，我尽量不做会议安排。在其他三个工作日
里，我会把日程排满，会见我们公司的各个总经理。

——《华尔街日报》(*The Wall Street Journal*)，

2000 年 2 月 4 日

制订计划

任何计划，首次遭遇现实，都不会幸存。

——《时代周刊》，1999 年 12 月 27 日

追求幸福

我认为，有时候我们这个社会并不清楚，以为我们拥
有幸福的权利。但是，如果你读一读《独立宣言》，就会知

道，它说的是我们拥有"生命权、自由权和追求幸福的权利"。没有谁拥有幸福的权利，你拥有的是追求幸福的权利，我认为其核心是自由权。

——美国成就学会访谈，2001 年 5 月 4 日

脸皮要厚

作为公众人物，如果你不喜欢别人对你的评论，那最好的防御办法就是：脸皮要厚。

——Code 大会，2016 年 6 月 1 日

家人投资

"我觉得我们会失败。"我告诉所有的早期投资者，他们的钱肯定会打水漂儿。如果你想寻求朋友和家人的投资，

我认为这是一个不错的办法，因为你还希望能够去参加感恩节晚宴。

——美国出版商协会，1999 年 3 月 18 日

他从直升机坠机事故中学到了什么

我得说，在那几秒的时间里，我的脑海里并没有闪过任何让我特别深刻的念头。我的主要念头是：这种死法太愚蠢了。它不会给生活带来重大的改变。我想，我从中学到了特别有用的一个教训：无论什么时候，尽量不乘坐直升机！直升机的可靠性不如固定翼飞机。

——《快公司》杂志，2004 年 8 月 1 日

信赖的激励

我发现，给予我极大激励的是人们对我的信赖。我喜欢被人信赖，我喜欢有一大群客户信赖我们。我喜欢成为团队的一员，我们相互信赖。我喜欢股东们信赖我们。我发现，信赖可以给人极大的激励。

——《财富》杂志，2012 年 11 月 16 日

工作与生活的和谐

我认为，工作与生活之间的和谐是一种不错的架构。我更喜欢用的词是"和谐"，而不是"平衡"，因为"平衡"暗含着严格的取舍。事实上，如果我工作舒心，我在家里会表现得更好。如果我在家里过得舒服，那我就有更多的精力投入工作——成为更好的员工、更好的同事。

——《繁荣国际》（*Thrive Global*）新媒体，

2016 年 11 月 30 日

大事记

1964 年

　　杰夫·贝佐斯出生于美国新墨西哥州阿尔伯克基市，取名杰弗里·普雷斯顿·约根森（Jeffrey Preston Jorgensen），父母为特德·约根森和杰姬·约根森。

1965 年

　　杰姬起诉和特德离婚。

1968 年

　　杰姬嫁给米盖尔·贝佐斯。米盖尔收养了杰夫，全家搬到休斯敦。

1969 年

贝佐斯观看"阿波罗 11 号"登陆月球的电视直播，下决心有一天自己也要到月球上去。

1977 年

贝佐斯被写入《开启智慧的心灵：从家长的视角看得克萨斯州的天才教育》(*Turning on Bright Minds: A Parent Looks at Gifted Education in Texas*)一书。

1982 年

贝佐斯毕业于迈阿密蒲葵中学，作为学生代表致毕业辞，被评为"全美优秀学生"，并获得《迈阿密先驱报》(*The Miami Herald*)授予前途远大的高中毕业生著名的"银骑士"奖章。在毕业致辞中，贝佐斯谈到了人类移民太空的重要性。

贝佐斯开始就读普林斯顿大学，最初的专业为物理学。后来，他意识到自己没有某些同学那样的物理学天赋，于是将专业改为计算机科学与电气工程学。

1986 年

贝佐斯毕业于普林斯顿大学，成为"ΦβK 联谊会"[①]会员。毕业后，他供职于菲特尔公司（Fitel），这是华尔街的一家初创公司，利用电脑编程进行金融传播。

1988 年

贝佐斯开始供职于美国信孚银行（Bankers Trust），负责开发银行客户服务电脑程序。

1990 年

贝佐斯受雇为对冲基金德绍（D.E.Shaw）副总裁。

---

① ΦβK 联谊会（Phi Beta Kappa）：美国大学的高才生组织。——译者注

1993 年

贝佐斯与麦肯齐·塔特尔（MacKenzie Tuttle）结婚，两个人为德绍公司的同事、普林斯顿大学的校友。

1994 年

在德绍做研究期间，贝佐斯注意到，互联网正以每年 2300% 的速度发展。权衡一番之后，他辞去工作，获得天使投资人的投资（包括其父母的 30 万美元），招聘员工，搬到西雅图，创办了一家销售图书的互联网商业公司。

贝佐斯将这家公司命名为"卡达布拉"（Cadabra），但很快就改名为"亚马逊"（Amazon）。

1995 年

7 月，贝佐斯位于其华盛顿州贝尔雅市的家中车库的公司开业。公司销售的第一本图书是《流体概念与创造性类比：思维基本机制的计算机模型》（*Fluid Concepts*

and Creative Analogies: Computer Models Of The Fundamental Mechanisms Of Thought)。两个月之内，亚马逊公司的图书客户遍布美国 50 个州，乃至全球的 45 个国家。

1996 年

亚马逊推出"合作者计划"（Associates program）。该计划允许第三方网站通过链接亚马逊赚钱。

1997 年

巴诺书店起诉亚马逊，诉称其宣称的"世界最大的书店"为不实之词，因为亚马逊只是一家代理商，不是一家书店。该诉讼最终庭外和解。

5 月，亚马逊公司上市。股票价格比预期高 30%，最终，亚马逊募集到 5400 万美元，市值为 4.3 亿美元。

亚马逊推出"一键式购物法"，并申请了专利。通过这种方法，客户只需要摁一下鼠标，就可以购物。

1998 年

贝佐斯投资谷歌公司（Google）25 万美元。

亚马逊收购"互联网电影数据库"（Internet Movie Database）。

亚马逊开始扩大产品供应，最初是 CD 和 DVD，随后又系统性地增加了其他产品门类。

在德国和英国的第一批国外亚马逊网站启用。

沃尔玛起诉亚马逊，诉称亚马逊公司挖走其高管，盗窃其商业机密。该诉讼最终庭外和解。

1999 年

《巴伦周刊》（*Barron's*）将亚马逊公司戏称为"亚马逊炸弹"，并预测这家网上零售店因为其采用的低价战略和扩建成本高昂的客服基础设施而不会存活下来。随后又出现大量针对亚马逊的批评文章和绰号。

亚马逊开始销售玩具、游戏和消费电子产品。

亚马逊起诉巴诺书店网站侵犯其"一键下单技术"专

利权。

《时代周刊》评选贝佐斯为"年度人物"。

2000 年

3 月，科技类公司的股票市值到达最高值。随后的几年里，互联网泡沫破裂，大多数互联网上市公司——像亚马逊这样的公司——破产倒闭。因为亚马逊重仓投资"宠物网"（Pets.com）等网络公司，公司出现亏损，但这家网上零售公司活了下来。

6 月，亚马逊首次发布公司新标志：一个由字母 A 指向字母 Z 的微笑图标。

亚马逊开始销售厨房用具和照相机。

亚马逊与美国玩具巨头玩具反斗城（Toys "R" Us）结为合作伙伴，成为这家玩具零售商的独家网络销售商，代表该公司接受和执行订单。几年后，该公司希望在自己的网站销售玩具。亚马逊起诉该公司未能维持库存，双方的合作关系在诉讼和分歧中结束。

亚马逊在日本和法国推出其零售卖场。

9 月，贝佐斯创建蓝色起源太空飞行公司，但没有对外公布该公司的创建。为了向"蓝色起源"提供资金，贝佐斯出售亚马逊公司的股票。

亚马逊数次尝试与易贝（eBay）等网站竞争——包括创建"亚马逊拍卖"（Amazon Auctions）和工商店（zShops）等平台，但均以失败告终。随后推出"亚马逊商城"（Marketplace），这是亚马逊第一家成功的第三方零售商平台。

2001 年

为提升盈利能力，亚马逊裁掉 1300 名员工，减少部分客户服务和物流运营。

亚马逊成为博德斯连锁书店和塔吉特（Target）连锁折扣商城的合作伙伴，通过其网站销售它们的产品。

2002 年

亚马逊推出"超级免费送货服务计划"（Free Super

Saver Shipping）。

亚马逊与巴诺网站的"一键下单技术"专利权诉讼案结案。

亚马逊开始在加拿大销售商品。

2003 年

贝佐斯开始在得克萨斯州西部购买大宗土地，为建设"蓝色起源"测试设施做准备。

亚马逊创建亚马逊服务公司（Amazon Services），允许买家通过亚马逊网站销售其产品，利用亚马逊的物流和客户服务基础设施为客户提供服务。

10 月，亚马逊推出搜索定位引擎 A9.com，这是亚马逊的一家附属机构。该搜索引擎未能吸引大量用户，其规模逐渐缩减。

贝佐斯在得克萨斯州西部遭遇直升机坠机事故，所幸受伤并不严重。

亚马逊公司的第一个盈利财年：3530 万美元。

2004 年

格雷格·泽尔（Gregg Zehr）创建 "126 实验室"（Lab126），这是亚马逊的一家研究开发机构，相继开发了 Kindle 电子书阅读器、Kindle Fire 平板电脑、智能手机 Fire Phone、智能音箱 Echo 和语音助手 Echo Dot。

亚马逊收购中国网上商城卓越网（joyo.com），以拓展其在中国的市场。

2005 年

1 月，亚马逊面向客户推出 "金牌会员" 计划，会员每年缴纳 79 美元，即可获得全年免费送货服务。

贝佐斯在接受得克萨斯州西部报纸《范霍恩县导报》（*Van Horn Advocate*）的独家专访时，首次对外宣布其开发可重复使用亚轨道太空运载工具的计划。

"蓝色起源" 测试其喷气发动机推进的 "卡戎" 实验飞行器（Charon）。该飞行器的发射，意在测试其制导与控制技术，为后续开发太空运载工具做准备。

亚马逊推出劳务众包平台 Amazon Mechanical Turk。贝佐斯称其为"人工的人工智能"。用户完成需要人类智能的任务，如转换 PDF 格式、识别图片目标等，可获得极少的报酬。

2006 年

亚马逊推出"简易存储服务"（Amazon Simple Storage Service），对外出租亚马逊的服务器，用于档案存储。这是亚马逊云服务推出的第一个服务项目，也是亚马逊一个新的分支机构，为外部实体提供计算平台。

亚马逊推出"弹性计算云"平台（ECP），该平台最初是为服务亚马逊公司而建立的，现对外部开放，为开发人员提供数据基础设施租用服务。"弹性计算云"平台隶属于亚马逊云服务。

"蓝色起源"测试"戈达德"太空运载工具（Goddard）。

亚马逊发布"亚马逊物流"计划（Fulfillment by Amazon），允许第三方卖家使用亚马逊的客户服务系统，利用亚马逊的流通仓库储存货物。

2007 年

亚马逊推出自助出版平台"创作空间"（CreateSpace），图书的作者可更为便捷地通过亚马逊印刷和发行其图书。

亚马逊开始在西雅图运营"生鲜食品递送服务"（Amazon Fresh）。

11 月，经过 3 年的研发，电子书专用阅读器 Kindle 面市，它是亚马逊首次进军硬件的尝试之一。Kindle 承诺：无线下载，60 秒内即可完成图书交付。面市 5 个小时后，该设备即告售罄。

2008 年

亚马逊斥资 3 亿美元收购有声书平台——有声书网 Audible。

贝佐斯获颁卡耐基梅隆大学"科技荣誉博士"头衔。

《出版者周刊》（*Publishers Weekly*）评选贝佐斯为"年

度人物"。

2009 年

"Kindle 2"首次面市，其界面设计更为便捷，电子墨水屏分辨率得到提升。同年后期，亚马逊还推出了"Kindle DX"，这是第一款允许用户阅读 PDF 文档的 Kindle。

亚马逊设立亚马逊出版公司（Amazon Publishing），这是亚马逊旗下的一家图书出版公司。2014 年，《纽约客》杂志（*The New Yorker*）发表了一篇文章，批评该出版公司未能为亚马逊带来收益和关注度。

亚马逊收购网上鞋类零售商捷步公司（Zappos）。贝佐斯解释说，做出这个收购决定，是因为两家公司拥有共同的价值观：为客户服务。

贝佐斯获得美国智库阿斯彭研究所颁发的"亨利·柯龙恩领导者奖"（Henry Crown Leadership Award）。

2010 年

亚马逊于 2009 年底、2010 年初推出 Kindle 应用程序，可通过黑莓手机、个人电脑、苹果 Mac 电脑、苹果平板电脑 iPad 和安卓手机访问 Kindle 商店，以及购买电子书。

"蓝色起源"获得美国国家航空航天局的资助，支持其开发计划成为"商业载人航天促进计划"（CCDev）的一部分。

亚马逊推出第三代"键盘 Kindle"（Kindle Keyboard），相较于前几代 Kindle，新款 Kindle 体积稍小，显示屏分辨率更高。

亚马逊与"怀利代理公司"（Wylie Agency）签署电子书专属发行协议，有效地将传统出版商排除在外，使其无法制作、发行和销售其代理的数字图书。

贝佐斯出资 10 万美元，帮助击败了华盛顿州政府的一项动议，该动议计划向该州富有的居民征收个人所得税。

"亚马逊工作室"成立。该工作室致力于开发和发行电影与电视作品。

2011 年

"即时视频"（Instant Video，前身为"亚马逊视频"）被纳入客户金牌计划。"即时视频"最初并不包括任何亚马逊的原创内容。

"蓝色起源"再次获得美国国家航空航天局的资助，此次的资助为"商业载人航天促进计划"二期项目。

Kindle 上电子书的销量超过了亚马逊纸质图书的销量。

贝佐斯宣布"万年钟"投资计划，它将建造于得克萨斯州西部的一座山体内，未来 10000 年内都将持续计时。其被贝佐斯称为"长远思维的象征"。

贝佐斯投资"爱彼迎"（Airbnb），这是一家让用户向客人出租自己房屋的民宿网站。

贝佐斯夫妇向西雅图历史与工业博物馆捐款 1000 万美元，以建立"贝佐斯创新中心"，作为展现西雅图创新精神的永久性展览。

PM2 亚轨道太空火箭飞行试验失败。

宾西法利亚州理海谷市的地方报纸《晨唤报》(*The Morning Call*)报道了当地一家亚马逊仓库恶劣的工作环境：夏季没有安装空调设备，仓库停车场里一直停放着救护车，以便及时抢救中暑的工人。

地方图书馆会员可在其设备上租借 Kindle 电子书。

亚马逊推出第一款平板电脑 Kindle Fire。

亚马逊推出触摸屏 Kindle (Kindle Touch)，这是亚马逊第一款使用触摸屏的电子书阅读器。

贝佐斯夫妇向普林斯顿大学捐款 1500 万美元，建立"贝佐斯神经动力学中心"，开展大脑前沿性研究。

贝佐斯投资共享汽车公司"优步"(Uber)。

《经济学人》杂志 (*The Economist*) 授予贝佐斯和泽尔"创新奖"，以表彰他们对 Kindle 做出的贡献。

2012 年

"亚马逊工作室"宣布"亚马逊即时视频"原创内容开

发计划。

贝佐斯宣布打捞位于佛罗里达近海海底的"阿波罗 11号"太空飞船的 F-1 发动机的计划。

贝佐斯当选美国艺术与科学学院（AAAS）院士。

贝佐斯夫妇捐款 250 万美元，支持其家乡华盛顿州的同性婚姻全民公决。

亚马逊 Kindle Paperwhite 面市，新款电子书阅读器使用改进的 LED 技术，提升了阅读体验。

亚马逊收购奇维系统公司（Kiva Systems，简称"奇维"），该公司在其物流中心采用机器人分拣包裹。"奇维"后来被更名为"亚马逊物流机器人公司"（Amazon Robotics）。

西雅图历史与工业博物馆的"贝佐斯创新中心"对公众开放。

《财富》杂志评选贝佐斯为"年度商业人物"。

2013 年

贝佐斯和亚马逊公司被美国零售商联合会授予"年度零售商奖"。

亚马逊推出"亚马逊微笑"计划（AmazonSmile），客户参与该计划，只需要购买指定商品，亚马逊就将其购物款的 0.5% 捐给其指定的慈善机构。

"阿波罗 11 号"飞船 F-1 发动机从佛罗里达海底被成功打捞出水。

亚马逊收购书评网站乐读网（Goodreads）。

亚马逊推出"求救"（Mayday）客服按钮，通过视频连线客服代表，Kindle Fire 等电子设备用户可获得近乎即时的技术支持。

贝佐斯斥资 2.5 亿美元购买《华盛顿邮报》。

亚马逊首次向公众宣布其无人机快递服务研发计划。

2014 年

亚马逊推出流媒体电视机顶盒（Amazon Fire TV）。

国际工会联盟（ITUC）评选贝佐斯为"全球最差老板"。

亚马逊推出第一款智能手机 Fire。该手机是亚马逊的一大败笔，刚推出几个月，亚马逊就将其价格从 200 美元下调至 99 美分。

亚马逊和图书出版公司"阿歇特"（Hachette）就电子书定价等问题展开了漫长的公开辩论。根据阿歇特公司的说法，由于这次冲突，亚马逊开始人为延误该公司图书的递送——很多出版商认为，这是亚马逊胁迫阿歇特公司屈服的一种手段。年底，双方达成协议，允许阿歇特公司自行为其电子书和纸质图书定价，降低亚马逊从阿歇特折扣图书销售中的分成。

亚马逊推出首款智能音箱 Echo 和语音助手 ALexa。Alexa 是一款人工智能语音助手，可增强家用电子设备 Echo 的功能。随后数年，亚马逊相继推出 Echo Dot、Amazon Tap（一款便携式的 Echo）、Echo Look（一款内置有 Alexa 的照相机）和 Echo Show（带有 LCD 屏幕）。

"蓝色起源"与联合发射同盟（United Launch Alliance）成为合作伙伴，共同开发由液氧和液化天然气推进的火箭发动机 BE-4。

亚马逊在曼哈顿首次推出"Prime Now"递送服务计划。该递送计划仅限于金牌会员，在某些城区提供一小时递送服务。

2015 年

亚马逊推出的电视剧《透明人生》获得金球奖音乐 / 喜剧类"最佳剧集奖"，成为第一部获得"最佳剧集奖"的流媒体制作发行的电视剧。

4 月，"蓝色起源"亚轨道运载工具新谢泼德火箭进行首次测试。

美国自由科学中心授予贝佐斯"天才奖"。

亚马逊斥资 1 亿美元，设立"Alexa 基金"，用于人工智能技术的研究与开发。

7 月，亚马逊首次推出"金牌会员日"（Prime Day）计划，它是亚马逊为期一天、仅限于金牌会员的"秒杀"促销活动。

《纽约时报》发文曝光亚马逊公司的职场环境。该文批评亚马逊冷酷的管理方式，同时还刊出员工的采访内容和证词。这些员工说，他们因为生病或怀孕而被公司辞退。

"蓝色起源"宣布，将在佛罗里达州卡纳维拉尔角建设新的火箭制造和发射设施。

亚马逊在西雅图首次推出送餐业务——"亚马逊饭店"（Amazon Restaurants）。

"蓝色起源"宣布亚轨道运载火箭制造计划。

11 月，"蓝色起源"的"新谢泼德"成功发射，并在发射平台成功回收。

亚马逊第一家书店——亚马逊第一家实体零售书店在西雅图开业。

"亚马逊工作室"发布其第一部大电影——斯派克·李（Spike Lee）导演的《芝拉克》（Chi-Raq）。

贝佐斯荣登《财富》杂志"世界最伟大领导者"榜单榜首。

2016 年

1 月，"蓝色起源"再次测试"新谢泼德"。在 2016 年 1 月后，它又进行了三次试飞。

亚马逊发布 Kindle Oasis，这款阅读器新增了几项设计功能，提升了阅读体验。

贝佐斯被西雅图飞行博物馆授予"开拓者奖"。

贝佐斯获得"海因莱因奖"（Heinlein Prize），表彰其为太空探索商业化做出的贡献。他将 25 万美元奖金捐赠给非营利性团体"太空探索与开发学生会"（SEDS）。

"蓝色起源"位于佛罗里达州的火箭制造设施破土动工。

贝佐斯加入美国"国防创新咨询委员会"（DIAB），该委员会为五角大楼将私营企业技术突破用于政府计划提供决策咨询。

贝佐斯在电影《星际迷航3：超越星辰》（*Star Trek Beyond*）中客串角色。

"蓝色起源"宣布轨道太空火箭"新格伦"的开发计划。

贝佐斯投资"联合生物科技"（Unity Biotechnology），这是一家研发抗衰老药物的初创公司。

贝佐斯荣获《史密森尼》杂志（*Smithsonian*）颁发的"美国创造力奖"（American Ingenuity Award）。

贝佐斯联合比尔·盖茨、马云等投资者，共同投资成立"突破能源"风险投资基金（Breakthrough Energy Ventures），支持清洁替代能源的开发。

亚马逊宣布无人实体便利店计划（Amazon Go），这是一种新的实体零售店概念，客户购买店内的任何商品，都可以实现自动收银。12月，首家无人实体零售店在西雅图开业，但由于技术困难，后续零售店延迟开业。

英国完成首次无人机快递服务。

2017 年

贝佐斯花费 2300 万美元买下华盛顿特区最大的私人物业。贝佐斯一家的这处新住所，曾经是一家纺织博物馆的所在地。贝佐斯一家在华盛顿州、比弗利山庄和纽约市也拥有住宅。

"亚马逊工作室"首次获得奥斯卡三项大奖：《海边的曼彻斯特》（*Manchester by the Sea*）获两项大奖、《推销员》（*The Salesman*）获一项大奖。

《快公司》杂志将亚马逊列为"2017 年度全球最具创新公司"榜单榜首。

"新谢泼德"团队被《航空周刊》授予第 60 届"年度航空航天桂冠奖"。

贝佐斯和"蓝色起源"被授予"罗伯特·科利尔奖"（Robert J. Collier Trophy），表彰其为美国航空航天事业做出的贡献。

亚马逊收购中东地区网上零售商 Souq.com。

亚马逊斥资 137 亿美元购买"全食"连锁便利店。

贝佐斯获得首个"巴兹·奥尔德林太空创新奖"（Buzz Aldrin Space Innovation Award）。

7月，贝佐斯短暂地取代比尔·盖茨，以906亿美元的净资产坐上了"世界首富"的交椅。

亚马逊推出"即时提货"（Instant Pickup）服务理念，客户下单两分钟后，即可从取物柜里提取他们购买的亚马逊商品。这一概念首先在伯克利、洛杉矶、哥伦布、亚特兰大等城市的大学校园以及马里兰州大学城铺开。